마음챙김 명상 매뉴얼

Manual of Mindfulness Meditation

마음챙김 명상 매뉴얼

이해, 성장, 행복을 위한 프로젝트

김정호 저

솔과학

차 례 Content

제3부

일상생활 마음챙김

서 문 Preface

내 기분, 내 감정대로 산다.

내 감정에 충실히 행동한다.

내 생각대로 산다.

내 마음대로 산다.

.....

우리는 이런 말을 종종 듣는다.

혹은 그렇게 살고 있지는 못하지만

그렇게 살고 싶다는 말을 간혹 듣는다.

그런데 내 기분, 내 감정, 내 생각, 내 마음의 '나'는 누구인가?

내 기분, 내 감정, 내 생각, 내 마음은 나를 잘 따르나?
나는 주인인가, 머슴인가?

내 손에 쥐고 있는 볼펜은 내 볼펜이다.
내가 쥘 수 있고 쓸 수 있다.
내려놓을 수도 있고 옮길 수도 있고 버릴 수도 있다.

내 안에 욕구, 생각, 감정이라는 마음이 있다.
그러나 내 욕구, 내 생각, 내 감정을 내 볼펜처럼 다루지는 못한다.
내 욕구, 생각, 감정을 잘 모를 때도 많다.
알아도 잘 다뤄지지 않는다.

내 욕구, 생각, 감정은 내 욕구, 생각, 감정이지만
충분히 내 욕구, 생각, 감정은 아니다.
내 마음이지만 충분히 내 마음은 아니다.

마음챙김.
내 마음을 챙긴다.
챙긴다는 말은 잊지 않음, 주의를 기울임, 보살피고 배려함을 의미한다.

내 마음에 관심을 가지고 살펴보고
내 마음과 친해지고 보살피며
나를 바로 알고 행복하고 성장한다.

제 1 부

마음챙김의 이해

제 1 장

마음챙김이란 무엇인가

마음을 챙긴다

국어사전에 챙긴다는 말은 세 가지 정도의 의미를 갖는다(네이버 국어사전 참조). 첫째, 필요한 물건을 찾아서 갖추어 놓거나 무엇을 빠뜨리지 않았는지 살핀다는 의미다. 수업에 필요한 책과 노트를 챙긴다거나 회의에 필요한 자료를 챙긴다고 할 때 사용되는 의미다. 둘째, 거르지 않고 잘 거둔다는 의미다. 하루 세 끼 밥을 꼬박꼬박 챙겨 먹는다거나 친구들의 생일을 잘 챙긴다거나 엄마가 아이들을 잘 챙긴다거나 건강을 챙긴다고 할 때 사용되는 의미다. 셋째, 자기 것으로 취한다는 의미다. 거스름돈을 챙긴다거나 자기 몫을 챙긴다고 할 때 사용되는 의미다.

전반적으로 챙긴다는 말은 잊지 않음, 주의를 기울임, 보살피고 배려함의 의미를 포함한다. 따라서 마음챙김이란 마음에 주의를 기울이고 그것을 잊지 않고 지속함으로써 방심하지 않고 정신차린 상태를 유지하는 것이다. 결과적으로 마음챙김은 마음의 불건강한 요소들을 줄이고 건강한 요소를 늘여 마음을 보살피고 성장시키는 효과를 가져온다.

마음챙김은 '순수한' '자기'관찰이다

마음챙김은 '자기'관찰이다.

우리는 일반적으로 밖을 관찰한다. 사람을 보고, 개를 보고, 꽃을 보고, 산을 보고, 하늘을 보고, TV를 보고, 신문을 보고, 영화를 본다. 그러나 자신이 그러한 대상을 보고 있다는 것을 자각하는 경우는 많지 않다. 지하철에서 잘생긴 남자를 보면 멋지다고 감탄하며 저런 애인 있으면 좋겠다는 생각도 한다. 그러나 자신이 그 남자를 보며 감탄하고 있고 그런 생각을 하고 있다는 것을 보는 경우는 드물다.

TV를 보며 드라마 속의 연예인이 '성형을 해서 저렇게 예

빠.', 라고 생각하지만, 그런 생각을 하고 있는 자신을 들여다보는 경우는 거의 없다.

아침 출근길에 차들이 거북이처럼 거의 기어가는 도로에서 깜빡이도 없이 옆에서 끼어드는 차에 화가 치밀고 그래서 혼잣말로 욕을 뱉으며 경적을 울린다. 동시에 이렇게 늦다가는 오늘도 회사에 지각하겠다는 생각이 들며 초조해지고 어깨가 딱딱해진다. 분명히 옆에서 차가 끼어드는 것도 잘 봤고 그것에 대해 욕을 하고 경적을 울리는, 나름 합당한 행위도 했다. 그러나 옆에서 끼어든 차로 인해 자신의 마음에 화가 일어났음을 보지는 못했고 자신이 욕을 하고 경적을 울리는 행동을 하고 있음을 깨닫지 못했다. 뿐만 아니라 자신이 지각 걱정을 하고 있는 것을 못 보았고 자신의 어깨가 딱딱해지는 것도 자각하지 못했다.

마음챙김은 나를 관찰한다. 내가 하는 생각, 내가 바라는 욕구, 내가 하는 행동을 관찰한다. 내가 느끼는 감정을 관찰

하며, 내가 경험하는 감각을 관찰한다.[1]

또한 마음챙김은 '순수한' 자기관찰이다.

순수한 관찰은 객관적 관찰이다. 객관적 관찰은 개인적 욕구 혹은 주관적인 판단이나 평가가 개입하지 않고 있는 그대로 보는 관찰이다. 마음챙김은 자기에 대한 순수한 관찰이다.

지하철에서 멋진 남자를 봤다고 연애 할 생각을 하고 있는 자신을 보고 '지금처럼 취업이 어려운 시절에 시간을 아껴 스펙 쌓을 생각은 안하고!', 라고 한심하게 생각한다면 자기에 대한 관찰은 했지만 그 관찰은 순수한 자기관찰이 아니

---

1 욕구는 심리학적으로 동기라고도 불리며, 목표와 목표를 성취하거나 유지하고자 하는 추동력 혹은 소망으로 정의된다. 욕구는 다시 먹고, 마시고, 잠자는 등의 생물학적 욕구로부터 자기를 실현하고자 하는 고등한 욕구로 다양하게 나눠진다. 일상생활에서 욕구는 동기 외에도 맥락에 따라 욕망, 의도 등의 용어로도 표현된다.

생각은 심리학적으로 인지라고도 불리며, 비교, 판단, 평가, 기억, 계획 등의 사고과정을 말한다. 또한 생각은 사고과정을 통해 형성된 다양한 지식과 신념을 뜻하기도 한다.

감정은 심리학적으로 정서라고도 불리며, 기쁨, 즐거움, 재미, 희망, 용기, 사랑, 평화로움 등의 긍정정서와 불안, 우울, 분노, 죄책감, 창피함, 미움, 지루함 등의 부정정서로 이루어진다. 감정은 기본적으로 욕구의 상태를 나타낸다. 욕구의 좌절 또는 좌절예상의 상태는 부정정서로, 욕구의 충족 혹은 충족예상의 상태는 긍정정서로 나타난다.

감각은 시각, 청각, 후각, 미각, 촉각 등의 오감으로 구성되며, 그밖에 내부장기의 감각이나 신체의 위치 등에 관한 고유수용기 감각 등이 포함된다.

다. 자신의 생각을 있는 그대로 본 것이 아니라 자신의 생각에 대해 비난하는 방식으로 판단을 개입해서 본 것이다. 이런 상황에서 마음챙김을 하면 자신의 생각에 대해 스스로 비난하고 있음도 본다: '내가 잘생긴 남자와 연애하고 싶어 하는 생각을 했다고 스스로를 비난하고 있구나.'

사람들 앞에서 발표를 할 때 자신이 긴장하고 있고 떨고 있음을 있는 그대로 볼 수 있으면 마음챙김이다. 그러나 긴장하면 안 되는데, 떨면 안 되는데, 이렇게 떨려서 사람들 앞에서 발표도 제대로 못하고 바보가 되면 안 되는데… 이런 식으로 생각하고 있다면 순수한 자기관찰이 아니다. 이런 자기관찰은 불건강한 자기관찰이다. 욕구와 생각이 개입하지 않은 뽀송뽀송한 자기관찰이 아니라 욕구와 생각이 들어간 끈적끈적한 자기관찰이다. 이런 자기관찰은 하지 않는 편이 더 낫다.

순수한 관찰은 불편부당한 관찰이다. 싫어하는 것이라고 거부하거나 억압하지 않고, 좋아하는 것이라고 쫓아가지 않는다. 좋은 것이든 싫은 것이든 있는 그대로 관찰한다. 다만 좋아하면 좋아하는 줄 분명히 알고, 싫어하면 싫어하는 줄 분명히 안다.

순수한 관찰은 열린 관찰이다. 개인적 욕구 혹은 선입관이

나 편견이 간여하지 않으므로 모든 가능성을 열어두고 바라보는 관찰이다.

조금 전문적인 용어로 정의를 내리면 마음챙김은 순수한 상위주의bare meta-attention이다(김정호, 2011). 일차적인 정보처리를 위해 주어진 주의에 다시 주의를 주기 때문에 상위주의이고 주의를 기울이는 것 외에 다른 욕구나 생각이 개입하지 않기 때문에 순수한 주의다.

마음챙김은 나눠서 보는 관찰이다

지하철에서 잘생긴 남자를 보고 감탄하며 연애할 생각을 하다가 자신의 생각이 한심하다고 자책했다면 이것들을 모두 나눠서 볼 줄 알아야 한다. 지하철에서 남자를 보고 의식에서 경험된 내용은 적어도 다음과 같은 요소들로 이루어져 있다: 남자의 있는 그대로의 모습, 남자의 모습을 보고 있음, 그 모습에 멋있다고 판단하고 있음, 그 모습에 감탄하고 있음, 그 남자와 연애하고 싶어 함, 그 남자와 연애하고 싶어 하는 것을 비난함 등.

마음챙김을 한다는 것은 이러한 의식경험의 요소들을 섞어서 경험하는 것이 아니라 있는 그대로 나눠서 보는 것이다. 마치 여러 가지 곡식들을 섞어놓은 곡식 자루에서 곡식들을 분류하는 것처럼 의식경험의 내용들을 나눠서 본다. 자루 속의 곡식들을 콩은 콩 대로, 팥은 팥대로, 보리는 보리대로, 옥수수는 옥수수대로 등 곡식의 종류에 따라 나누는 것처럼 의식 안의 경험을 유형별로 나눠서 보는 것이다.

마음챙김은 기본적으로 나의 의식경험을 욕구, 생각, 감정, 감각, 행동 등의 범주로 나눠서보며 각 범주 안에서 다시 구체적인 유형으로 나눠서본다. 불안할 때 그냥 불안하다가 아니고 그 불안을 있는 그대로 낱낱이 관찰한다. 어떤 욕구가 관련되고 있고, 어떤 생각들이 일어나며, 몸의 어떤 부위에서 어떤 감각이 느껴지는 세부적으로 나눠서 바라본다.

마음챙김은 의식챙김이다

마음챙김은 순수한 자기관찰, 즉 나에 대한 순순한 관찰이라고 정의했지만, 용어로 보면 마치 마음만을 챙기고 몸은 배제된다는 인상을 줄 수 있다. 물론 마음챙김은 내 마음에서 무엇이 일어나고 있는지 늘 잊지 않고 살피는 것이며, 마음챙김 명상을 통해 이러한 마음의 작용을 개발한다고 해도 틀리지 않다. 그러나 마음챙김의 마음에는 몸도 포함된다.

마음에는 무엇이 일어나는가? 달리 표현하면 마음에서 우리는 무엇을 경험하는가? 우리는 마음을 통해 세상을 경험한다. 아름다운 석양도 눈과 뇌를 통해 최종적으로 마음에 표상된다. 바하의 감동적인 무반주 첼로곡도 귀와 뇌를 통해 마음에 표상된다. 또한 마음에는 따뜻한 캐러멜 마키아토를 마시고 싶어 하는 욕구도 일어나고, 테러는 응징만으로 해결되지 않는다는 생각도 일어나며, 제자의 취업 소식을 듣게 되면 기쁜 감정이 일어난다.

일반적으로 몸과 마음을 구분하기 때문에 자칫 마음챙김이라는 용어는 챙김의 대상에 몸은 포함되지 않는 듯한 인상을 줄 수 있지만 몸 역시 마음챙김의 대상에 포함된다. 손이 닿지 않는 등 한 가운데의 가려움도 마음에서 느껴지고, 종이 끝에 손가락을 베었을 때의 통증도 마음에서 느껴진다. 세계가 우리의 감각기관과 뇌를 통해 경험되듯이 우리의 몸도 우리의 감각기관과 뇌를 통해 마음에 표현된다.

이렇게 볼 때 마음챙김보다 의식챙김이라는 용어가 오해의 소지를 방지할 수 있어 더 적절하다고도 할 수 있다. 왜냐하면 우리가 마음에서 경험하는 것들은 결국 우리의 의식 혹은 의식이라는 공간에서 경험하는 것들이기 때문이다. 그러나 마음에는 우리 자신과 세계에 대한 경험이 일어나는 무대 혹은 공간의 의미도 있다. 안 좋은 일은 마음에 담아두지 말라거나 욕심내지 말고 마음을 비우라고 할 때 마음은 이러한 경험의 무대 또는 공간의 의미를 갖는다. 따라서 관례대로 마음챙김이라는 용어를 사용해도 문제는 없다.

일반적으로 마음은 크게 두 가지 의미로 사용된다. 하나는 욕구하고 생각하고 감정을 일으키고 감각작용을 하고 행동을 하는 주체로서의 의미이고, 다른 하나는 욕구, 생각, 감정, 감각, 행동이 일어나는 무대 혹은 공간으로서의 의미이다. 마음챙김의 마음은 두 가지 의미를 모두 포함한다. 즉, 마음챙김의 마음은 욕구, 생각, 감정, 감각, 행동 등 의식경험을 일으키는 주체이기도 하고 그 의식경험을 담는 공간이기도 하다.

여기서 한 가지 덧붙이고 싶은 것이 있다. 위에서도 언급했듯이 외부세계도 감각을 통해 우리 마음에 들어온다. 즉, 외부세계도 우리 마음의 공간에 나타난다. 외부세계라고 해도 내가 아는 외부세계는 내 마음의 공간에 표상된 세계다. 산도 바다도 음악도 아이스크림도 내 마음의 공간에 나타난다. 사랑하는 사람도 미워하는 사람도 내 마음의 공간에 나타난다. 그 사람들의 욕구, 생각, 감정, 감각, 행동도 내 마음에 나타난다. 이렇게 볼 때 마음챙김의 대상에 외부세계를 포함시킬 수 있다.

전통적인 마음챙김 수행과는 관점이 다를 수도 있지만, 이렇게 보는 것이 실생활에서의 마음챙김 수행에 도움이 많이 된다. 또한 현재 마음챙김과 관련된 대표적 프로그램인 '마음챙김에 기반한 스트레스 감소Mindfulness Based Stress Reduction, MBSR' 프로그램에서 많이 사용하는 건포도 명상 기법을 마음챙김의 기법으로 수용하는 것도 가능해진다.

요컨대 마음챙김은 마음의 공간, 즉 의식의 공간에서 관찰되는 의식경험에 대한 순수한 관찰이다.

마음챙김은 거리두기다

마음챙김은 기본적으로 관찰이다. 관찰이란 관찰대상과의 거리를 전제로 한다. 어떠한 대상도 거리가 없다면 볼 수 없다. 마음챙김은 의식경험에 대한 관찰이므로 자신의 의식경험과의 사이에 거리를 만들게 된다.

의식경험을 관찰의 대상으로 대상화할 때 우리는 의식경험 속에 있지 않고 의식경험 밖에 있게 된다. 예를 들어, 우리가 우울을 경험할 때 마음챙김을 하지 못하면 우울 속에서 자신을 보고, 우울 속에서 세상을 본다. 결과적으로 자신을 실패자라고 판단하고 세상을 부정적으로 판단한다. 반면에 우리가 우울을 경험할 때 마음챙김을 하면 우울 속이 아니라 우울 밖에서 우울을 본다. 결과적으로 우울은 마음의 공간에서 일어난 하나의 사건으로 대상화되므로 그 속에 매몰되지 않을 수 있다.

이렇게 표현할 수 있다. 마음챙김이 없을 때 우리는 마음'에서' 세상을 보고, 마음챙김이 있을 때 우리는 마음'을' 본다.

거리를 두고 본다는 것과 관련해서 마음챙김하는 것이 이인화나 해리가 아닌가 하고 묻는 경우가 있다. 이인화나 해리는 정서적 무감각 또는 정서적 마비 상태다. 외부대상에 대해 제대로 주의를 보내지 못하는 상태다. 마음챙김과는 달라도 180도 다르다. 마음챙김은 떨어져보지만 온전하게 주의를 보내고 분명하게 감각하며 분명하게 경험한다. 마음챙김은 나의 몸과 마음과 가까워지고 친밀해지게 하고 몸과 마음에 대한 감수성이 증가하며 몸과 마음을 더 잘 이해하게 해준다. 마음챙김 없는 상태가 자동기계상태고, 자동로봇상태고, 심한 경우 좀비상태라고 한다면 마음챙김은 이러한 상태에서 벗어나 깨어있는 상태를 가져다주며, 욕구와 생각의 맹목적 예속상태에서 벗어나게 해준다.

인간은 성장하면서 타인을 대상화하는 능력이 발달한다. 10살짜리 아들은 엄마 생일에 꽃을 선물하지만 3살짜리 아들은 자신이 좋아하는 로봇장난감을 선물한다. 3살짜리 아들은 엄마를 자신의 욕구, 생각으로만 보며 자신의 욕구, 생각을 내려놓고 엄마의 욕구와 생각을 볼 줄 하는 능력이 떨어지기 때문이다.

나이가 들면서 타인을 대상화하는 능력이 발달하듯이 자기 자신의 몸과 마음을 대상화할 수 있는 능력이 발달하는 것도 성장으로 볼 수 있다. 이러한 성장은 마음챙김처럼 의도적인 노력이 수반해야 가능하다. 마음챙김의 거리두기란 바로 마음챙김의 대상에 대한 객관화, 대상화를 말한다.

내 마음이든 상대의 마음이든 떨어져 볼 때 제대로 보게 된다. 내 마음도 상대의 마음도 나의 욕구-생각[2]을 내려놓아야 제대로 보인다. 나와 다른 사람 모두를 차별하지 않고 동일한 마음챙김의 대상으로 보게 된다면 깨달은 성인聖人이라

---

2 일상생활에서 '생각'이라는 말은 '욕구'의 의미도 포함한다. '밥 먹고 싶은 생각이 없어.' 라고 할 때 사실은 밥 먹고 싶은 욕구가 없다는 것이다. 생각을 내려놓으라고 할 때도 실제로는 욕구와 생각을 내려놓으라는 말이다. 이 책에서는 우리 마음에서 작용하는 욕구의 존재를 좀 더 분명하게 하기 위해, 또 욕구와 생각이 밀접하게 관련되어 작용하기 때문에 생각이라는 용어보다 '욕구-생각'이라는 용어를 사용했다.

고 하겠다.

거리와 관련해서 한 마디 추가하고자 한다. 거리에서 중요한 것은 적절한 거리다. 무엇을 볼 때 너무 멀어도 제대로 볼 수 없고 너무 가까워도 제대로 볼 수 없다. 적절한 거리를 유지하는 것이 중요하다. 지구와 달처럼, 지구와 태양처럼 적당한 거리를 가짐으로써 원심력과 구심력이 균형을 이룬다. 너무 멀어져 관계가 소멸되지도 않고 너무 가까워 충돌하지도 않고 서로 적절한 거리를 유지하며 아름답게 돌아간다.

마음챙김은 탈동일시다

일반적으로 우리는 나의 의식경험과 나를 동일시하는 경향이 있다. 스파게티를 먹고 싶은 마음이 들 때 나는 스파게티를 먹고 싶은 사람이 된다. 스파게티를 먹고 싶은 욕구와 동일시하는 것이다. 불안할 때는 불안이 내가 되고, 우울할 때는 우울이 내가 되며, 화가 날 때는 화가 내가 된다. 내가 쓸모없는 인간이라는 생각을 할 때 나는 쓸모없는 인간이 된다.

마음챙김을 하면 스파게티를 먹고 싶은 욕구는 마음의 공간에서 일어난 하나의 사건이 된다. 나와 욕구 사이에 공간이 생기고 나와 욕구의 동일시가 소멸한다. 마음챙김을 하면 불안, 우울, 화는 마음의 공간에서 일어난 하나의 사건이 된다. 나와 감정 사이에 공간이 생기고 나와 감정의 동일시가 소멸한다. 마음챙김을 하면 내가 쓸모없는 인간이라는 생각은 마음의 공간에서 일어난 하나의 사건이 된다. 나와 생각 사이에 공간이 생기고 나와 생각의 동일시가 사라진다.

나의 욕구고 나의 생각이고 나의 감정이지, 욕구, 생각, 감정이 나는 아니다. 마음에 슬픔이 나타나기도 하고 기쁨이 나타나기도 한다. 이런 생각이 나타나기도 하고 저런 생각이 나타나기도 한다. 놀고 싶은 욕구가 나타나기도 하고 열심히 공부하고 싶은 욕구가 나타나기도 한다. 마음챙김은 마음에서 경험되는 의식경험과의 동일시에서 벗어나게 해준다.

마음챙김은 늘 지금-여기에 깨어있음이다

평소의 마음은 대개 과거나 미래에 가 있다. 이미 돌이킬 수 없는 과거를 생각하며 자신의 행동을 후회하거나 다른 사람의 행동을 원망하기도 하고, 오지 않은 미래를 생각하며 끊임없이 걱정하기도 한다. 몸은 지금 욕실에서 벌거벗고 샤워를 하고 있지만 마음은 직장상사와 열심히 싸우고 있다.

마음챙김은 늘 지금-여기에 깨어있음이다. 마음챙김은 과거나 미래가 아닌 지금, 그리고 다른 곳이 아닌 여기에 깨어있는 것이다.

그러나 마음챙김으로 산다는 것이 과거나 미래를 생각하지 말아야 한다는 것은 아니다. 생각은 과거와 현재로 갈 수 있다. 또 과거와 미래를 생각하는 것은 필요하기도 하다. 과거를 반성하고 교훈을 얻고 미래를 예상하고 대비하는 것은 좋은 일이다.

다만 마음이 무엇을 하든, 생각이 과거로 가든 미래로 가든 마음챙김은 늘 지금-여기서 내 마음이 무엇을 하고 있는지를 본다.

마음챙김은 경청이다

경청이란 상대의 말을 자신의 잣대로 판단하고 평가하기보다 있는 그대로 주의를 기울여 정확하게 듣는 것이다. 기본적으로 경청에는 상대에 대한 존중이 포함되어 있다.

마찬가지로 마음챙김은 마음이 하는 얘기에 주의를 기울이고 있는 그대로 듣는 것이다. 어떤 얘기든 중요한 것으로 존중하고 귀를 기울인다. 내담자의 어떤 얘기든 판단하거나 정죄하지 않고 경청하는 심리치료자나 심리상담자처럼.

어떤 얘기든 마음이 들려주는 얘기를 어떤 판단도 개입시키지 않고 있는 그대로 다 들어줄 때 우리는 우리의 마음을 더 잘 이해할 수 있게 될 것이다. 이렇게 볼 때 마음챙김은 일종의 자가심리치료고 자가심리상담이다.

좋은 얘기도, "오, 그렇군요." 나쁜 얘기도 "오, 그렇군요."

마음챙김은 받아들임이다

마음챙김은 나에 대한 순수한 관찰이다. 관찰이란 받아들임, 허용을 전제로 한다. 즉, 관찰이란 어떤 것은 제지하고 어떤 것은 허용하는 통제가 아니라 일어나는 현상을 있는 그대로 인정하고 허용하고 받아들이며 알아차리는 것이다.

특히 평소에 좋지 않게 판단하는 내용이 마음의 공간에 나타날 때 부정적으로 판단하고 부인하거나 밀어내지 말고 그곳에 있도록 허용하는 것이 중요하다.

그러나 중요한 것은 받아들인다는 것이 어떠한 행동의 표출도 좋다는 의미는 아니다. 행동으로 표출하기 전까지 마음챙김으로 바르게 관찰하고 그것에 따라 적절한 행동을 선택할 수 있어야 한다.

마음챙김의 받아들임은 부정적 상황에서 우리가 취할 수 있는 제3의 길이다. 부정적 상황을 만날 때 우리가 일반적으로 보이는 반응은 부정적 감정(예: 불안, 우울, 분노)을 좇아가거나 쫓아내는 것이다. 마음챙김은 부정적 감정을 좇아가거나(감정에 매몰되고 그것을 표출함) 쫓아내는(감정을 부정, 거부, 억제, 회피함) 것이 아니라 받아들이고 바라보는 제3의 길이다. 있는 그대로 바라볼 때 그렇지 못할 때와는 다르게 보이고 현명한 선택을 내릴 수 있다.

마음챙김은 멈춤이다

순수한 관찰을 하기 위해서는 자신의 모든 알음알이를 멈춰야 한다. 선입견, 편견, 고정관념 등만이 아니라 자신이 알고 있는 세상에 대한 모든 사전지식을 멈추는 것이다.

순수한 관찰을 하기 위해서는 또한 자신의 욕구도 모두 멈춰야 한다. 얻기를 바라는 접근동기든 피하기를 바라는 회피동기든 멈춰야 한다. 좋은 욕구든 나쁜 욕구든 멈춰야 한다. 그것이 무엇이든 자신이 바라는 바가 있으면 있는 그대로 볼 수 없다.

이렇게 멈출 수 있을 때 우리는 다르게 경험하게 된다. 왜

냐하면 우리의 기존의 경험은 이미 우리의 사전지식과 욕구로 오염되어 있었기 때문이다.

이와 같은 멈춤을 할 때 건포도 한 알도 새롭고 신비하게 경험되는 것이다. 관념에 동원되던 주의를 고스란히 감각에 보내므로 관념으로 먹지 않고 있는 그대로의 풍부한 맛을 음미하게 된다.

마음챙김은 컨테이너가 되는 것이다

마음챙김은 여러 가지 사물과 사건을 담는 컨테이너가 되어 사물과 사건을 바라보는 것이다. 어항이 되어 어항 속에서 노는 크고 작은 물고기들을 구경하는 것이다. 장기판이 되어 초나라와 한나라의 전투를 관전하는 것이다. 허공이 되어 시시각각 변화하는 구름들을 감상하는 것이다.

마음챙김 연습은 물고기, 장기알, 구름과 동일시하는 강한 습관에서 벗어나 어항, 장기판, 허공과 동일시하는 연습이다.

마음챙김은 의식경험과의 동일시로부터 탈동일시하고 의식경험을 담고 있는 의식공간과 동일시하는 연습이다.

경험과 경험에 대한 자각은 다르다. 경험할 때 나는 경험

속에 있다. 그러나 마음챙김을 통해 경험을 자각할 때 경험이 내 속에 있다.

마음챙김은 '큰 나'가 되게 해준다

성공하고 싶은 나도 나고, 놀고 싶은 나도 나며, 날씬해지고 싶은 나도 나고, 먹고 싶은 나도 나라고 본다면, 또한 화내는 나도 나고, 불안해하는 나도 나고, 우울해하는 나도 나고, 즐거워하는 나도 나라고 본다면, 또한 이런 생각을 하는 나도 나고, 저런 생각을 하는 나도 나라고 본다면, 나는 수많은 '작은 나'들로 이루어진 사회 또는 국가라고 할 수 있다. 마치 대한민국이 수많은 개인들과 집단들로 이루어진 것처럼.

또 하나 분명한 것은, 위에서도 다뤘듯이, 마음에는 온 세계가 다 포함되므로 마음챙김의 '큰 나'는 앞에서 언급한 '작은 나'들뿐만 아니라 삼라만상을 다 담고 있는 '큰 나'다.

이렇게 본다면 마음챙김을 하면 '바라보는 나'가 되는 것이며, 내 안의 모든 '작은 나'들뿐만 아니라 모든 사람들과 온 세상을 담는 '큰 나'가 되는 것이다. 큰 나는 크기를 잴 수 없는 나이며, 어떠한 색깔이나 모양을 갖지 않는 나이며, 단지 바라보며 알아차림 하는 나다. '마음챙김의 나'는 무한한 공간의 나다. 말없이 바라보는 나다. 어떠한 나와도 함께 하는 나다. 환한 빛으로 밝혀주는 나다.

미시적 마음챙김과 거시적 마음챙김

마음챙김은 마음의 공간 혹은 의식공간에서 일어나는 일들, 즉 의식경험을 있는 그대로 낱낱이 나눠서 관찰하는 것이다. 여기서 의식경험, 즉 마음챙김의 대상은 욕구, 생각, 감정, 감각, 행동 등의 유형으로 나눌 수 있고, 마음챙김은 이것들을 있는 그대로 떨어져서 바라보는 순수한 관찰이다.

마음의 순수한 관찰에서 관찰의 수준을 나눌 수 있다. 좀 더 구체적 수준에서의 관찰을 미시적 마음챙김이라고 하고 좀 더 추상적 수준에서의 관찰을 거시적 마음챙김이라고 한다.

입이 마름, 심장이 빨리 뜀, 어깨가 딱딱해짐 등의 관찰은 미시적 마음챙김이고, '불안해하고 있음'의 관찰은 거시적 마음챙김이다.

앉아서 호흡을 하고 있을 때 호흡감각을 세부적으로 관찰하고 알아차리는 것이 미시적 마음챙김이라면, 여기 이렇게 앉아서 호흡하고 있음을 분명하게 아는 것은 거시적 마음챙김이다.

걸으면서 발바닥에서 느껴지는 감각을 세부적으로 관찰하고 알아차리는 것은 미시적 마음챙김이며, 이렇게 걸어가고 있음을 분명하게 자각하는 것은 거시적 마음챙김이다.

건포도 한 알을 먹으며 경험하는 감각을 세부적으로 관찰하고 알아차리는 것은 미시적 마음챙김이며, 이렇게 먹고 있음을 분명하게 자각하는 것은 거시적 마음챙김이다.

미시적 마음챙김, 특히 감각적 차원에서 세부적으로 관찰하는 것은 경험을 새로운 차원에서 이해할 수 있게 해준다. 그러나 거시적 마음챙김은 자신이 무엇을 하고 있는지에 대한 분명한 자각을 가져다준다. 또한 거시적 마음챙김을 통해 좀 더 높은 추상화 수준의 욕구-생각을 자각할 때 자신을 제대로 알고 바른 선택을 할 수 있다. 예를 들면, 인간관계에서 뭔가 아쉬움이 있거나 편하지 않을 때 잘 관찰해보면 내가 상대에게 뭔가 바라는 것이 있을 때가 많다. '내가 상대에게 뭔가를 바라고 있음'이라고 자신의 욕구를 자각할 때 그것을 내려놓는 선택을 할 수 있고 그 결과로 관계의 개선이 시작될 수 있다. 관계에서 바라는 마음이 있을 때 그 관계는 자연스럽기 어렵다.

미시적 마음챙김과 거시적 마음챙김은 함께 수행한다. 자신이 현재 '불안해하고 있음'을 자각할 수 있어야 하고 동시에 불안이 몸과 마음에서 어떻게 나타나고 있는지 구체적으로 자각할 수 있어야 한다. 자신이 현재 무엇을 '먹고 있음'을 자각할 수 있어야 하고 동시에 먹고 있음이 몸과 마음에서 어떻게 나타나고 있는지 구체적으로 자각할 수 있어야 한다.

마음챙김은 빛이다

일상생활에서 우리의 많은 행동은 의식 없이 자동조종장치에 의해 움직이듯이 이루어진다. 어떤 욕구를 일으키고 어떤 생각을 하며 어떤 감정을 느끼고 있는지에 대한 자각이 없는 상태로 살아간다.

지하철을 타면 그냥 스마트폰을 열고 본다. 스마트폰을 보려고 하는 의도를 알아차린 적이 없다. 인터넷 서핑을 몇 시간째 계속하다 문득 과제를 하지 못하고 있으며 눈과 목은 피로로 지끈거리고 뻐근함을 깨닫는다. 자신의 행동을 후회하고 자책하지만 그러고 있는 줄 자각하지는 못한다. 아이들과 배우자에게 매일 똑같은 잔소리를 반복하지만 자신의 행동을 자각하지 못하고 있다.

마음챙김은 자각 없는 상태에서 진행되는 마음 안의 경험들에게 보내는 자각의 빛이다. 어두운 마음의 공간을 밝게 비춰 보게 해주는, 알게 해주는 빛이다.

마음챙김은 기술이고 힘이다

마음챙김은 마음의 기술이고 힘이다. 기술이나 힘은 높고 낮음이 있고 크고 작음이 있다. 우리가 마음챙김을 한다고 해도 마음챙김 기술의 높고 낮음, 마음챙김 힘의 크고 작음에 차이가 있다.

마음챙김은 마음의 기술이고 힘이다. 하루아침에 배울 수 있는 기술이 아니고, 몇 번의 연습으로 키울 수 있는 힘이 아니다. 마음의 의식경험을 떨어져보고, 탈동일시하려고 해도, 욕구를 멈추고 판단을 개입하지 않으려고 해도 자꾸 붙고, 동일시되고, 욕구가 작동하고 판단이 들어가려고 한다.

소용돌이치는 분노에 매몰되지 않으려고 해도 자꾸 빨려들어가며, 떨어뜨리고 공간을 만들어 보려고 해도 커다란 자석에 끌려가는 쇳덩어리처럼 강력하게 달라붙는다.

마음챙김을 적용한다고 할 때 전부-아니면-전무all-or-none, 즉 100% 적용하거나 아니면 전혀 적용하지 않는 것은 아니다. 마음챙김은 부단한 노력과 실천을 통해 조금씩 향상되고 증진되는 마음의 기술이고 힘이다.

제 2 장
마음챙김의 유익함

마음챙김은 알아차림을 가져온다

"아, 짜증나!"라고 할 때 짜증남과 함께 몸에서 경험되는 감각, 짜증남이 싫고 짜증남에서 벗어나고 싶은 욕구, '저 사람은 왜 맨날 똑같은 얘기만 하는 거야!' 라는 생각 등이 덩어리로 경험되고 있고 그 경험 속에 있는 것이다.

자신의 짜증을 있는 그대로 못 보고 있다. 짜증남을 싫어하고 있음을 못 보고 있다. 짜증남에서 벗어나고 싶어함을 알지 못하고 있다. 자신이 습관적으로 인상을 쓰고 있고 답답해하며 상대를 비난하려고 하고 있음을 알지 못하고 있다.

마음챙김을 하면 자신의 짜증을 낱낱이 보고 알게 된다.

짜증에 수반되는 몸에서의 감각을 알게 된다. 짜증에 들어있는 상황이나 상대에 대한 비난하는 생각을 보게 된다. 짜증에서 느껴지는 감정을 좀 더 상세하게 느끼게 된다. 짜증에서 벗어나려는 욕구도 분명하게 알아차리게 된다. 짜증을 낼 때 자신이 습관적으로 하는 행동을 알아차리게 된다.

마음챙김을 통한 알아차림은 삶에서 깨어있게 해주고 삶을 주도적으로 살 수 있게 해준다. 생활하며 가끔 씩만이라도 현재의 나에 대해 마음챙김 할 수 있으면 삶에 대한 통제력이 증가하고 여유가 생길 것이다.

마음챙김은 객관적으로 보게 해준다

마음의 습관을 바꾸지 않으면 늘 같은 방식으로 살 수 밖에 없다. 그런데 우리는 매일 같은 방식으로 살면서 삶이 변화하기를 바란다. 이 점에 대해 아인슈타인은 매우 통렬하게 지적했는데, 매일 같은 일을 반복하면서 다른 결과를 기대하는 것은 미친 짓이라는 것이다.

마음챙김은 정보처리 방식을 바꾸는 것이다. 이러한 변화는 세상과 나에 대한 인식의 변화를 수반한다. 나의 욕구, 사전지식, 선입관 등을 멈추면 다르게 보인다. 객관적으로 보게 된다. 객관적으로 보게 될 때 나 자신이나 상대에 대해 유머나 자비심이 더 쉽게 나오게 된다.

마음챙김을 통해 객관적으로 보게 되면 나에 대해 새롭게 이해하게 된다. 내가 얼마나 고정된 방식으로 생각하고 욕구하고 사람들과 관계하는지, 그 패턴이 '보이게' 된다. 일상생활 속에서 꾸준히 마음챙김 하게 되면, '아, 내가 늘 사람들을 수단으로 대하고 있었구나. 사람들을 위해 무엇을 해줄 수 있을까가 아니고 그 사람이 나를 위해 무엇을 해주면 좋겠다는 생각을 하며 살고 있구나.' 등에 대한 통찰도 얻을 수 있다. 어떻게 내가 '올드 테이프old-tape'를 또 틀고 또 틀며 반복하고 있는지를 알 수 있게 된다. 또한 이것들이 나를 행복하게 하기 보다는 불행하게 하고 있음을 깨닫게 된다. 이러한 깨달음을 통해 과거의 습관적 패턴, 과거의 '작은 나'들이 변화하고 새로운 건강한 패턴을 만들어나가게 된다. 이와 같이 나에 대한 인식의 변화는 주변사람들과 세상에 대한 인식의 변화와 함께 이루어진다.

나의 욕구-생각을 멈추고 보게 되면 바깥의 사람, 사물, 사건이 갖고 있는 특성이라고 여겨지던 것들의 많은 부분이 나의 욕구-생각의 투사로 형성된 것임을 보게 된다. 자연스럽게 외부세계에 대한 인식이 변화하고 그들과의 관계도 변화한다.

마음챙김은 현명한 선택을 도와준다

마음챙김이 없으면 몸과 마음의 습관적 반응만이 있다. 마음챙김 할 때 자신의 몸과 마음의 상태와 반응을 알아차리게 되고 알면 바른 선택을 하기 쉬워진다. 자신의 분노를 떨어져 보지 못하고 분노에 휩싸여 있을 때 습관적으로 과도하게 화를 내고 나서 나중에 후회하는 일이 얼마나 많은가.

자신의 분노가 일어나려고 할 때 볼 수 있다면, 분노가 완전히 일어나기 전에 볼 수 있다면, 분노와의 거리를 만들 수 있고 그 거리만큼 자유의 공간이 생긴다. 습관적 반응이 아닌 다른 반응을 선택할 가능성이 생긴다.

일에 너무 몰입해도 좋지 않다. 눈앞의 일에 지나치게 집중만 할 때 고정된 자세에서 오는 통증도 알아차리지 못한다. 장기적으로는 목, 허리, 골반 등의 균형이 손상되어 고생하게 된다. 몸의 상태에 대한 알아차림은 자세를 바꿔주는 적절한 대처로 이어진다.

생각해보라. 어느 누가, 땅꾼이 아니고서야, 앞에 똬리를 틀고 있는 뱀을 뱀인 줄 알면서도 피하지 않겠는가. 그러나 뱀을 뱀으로 보지 못하고 황금 덩어리로 잘못 보는 사람은 가까이 가서 만지다가 결국은 물리고 만다.

현명한 선택은 거창한 선택만이 아니라 일상생활 속의 작은 선택도 포함한다. 길을 걷다가 자신을 앞질러서 가는 사람을 보고는 질 수 없다고 발이 안 보이게 뒤따라 갈 때 그러는 자신을 문득 볼 수 있다면 그냥 가던 걸음으로 편안하게 걸어갈 것이다. 한강변의 아름다운 풍경을 느긋하게 즐기며 자전거를 타다가 느닷없이 뒤에서 따르릉 거리는 벨소리를 느끼고 추월당할 수 없다는 생각에 죽을힘을 다해 페달을 밟을 때 문득 그러는 자신을 볼 수 있다면 여유 있게 양보하고 다시 한강변의 풍경을 음미하며 자전거 타기를 즐길 것이다.

보면 안다.

알면 한다.

마음챙김은 마음의 건강한 요소들을 양성한다

마음챙김을 통한 현명한 선택은 마음의 건강한 요소들을 두 가지 방식으로 양성시켜준다.

첫째, 평소에 마음챙김을 할 때 마음에 양성하고자 하는 건강한 요소들(예: 자비심)이 있는지를 관찰함으로써 양성하고자 하는 건강한 요소가 마음에 자주 거주하도록 돕는다.

둘째, 마음에서 불건강한 요소가 작용하려고 하는 것을 마음챙김으로 알아차림 함으로써 불건강한 요소의 작용을 지양하고 양성하고자 하는 건강한 요소의 선택을 돕는다.

마음에서 자주 사용하고 거주하게 되는 마음의 요소는 그만큼 강해진다. 마치 용불용설用不用說이 주장하듯, 사용하면 강해지고 사용하지 않으면 약해진다. 예를 들어, 자비심을 자꾸 사용하면 자비심이 강해지고 사용하지 않으면 약해질 것이다.

마음챙김은 집착하지 않게 해준다

건강한 마음의 요소를 양성하고 남들에게 도움이 되는 행동을 해도 마음챙김을 통해 늘 나를 객관화하고 대상화하는 능력을 개발하게 되므로, 내가 바르고 선한 생각을 하고 행동을 한다는 상相을 내지 않게 된다. 즉, 바르고 선한 생각과 행동을 집착함 없이 행하게 된다. 머무른 바 없이 마음을 내는 응무소주이생기심應無所住而生其心이 되는 것이다.

마음챙김은 사려 깊게 해준다

CCTV를 설치하면 범죄예방 효과가 있다. 누군가 보고 있다는 것을 아는 것만으로도 평소와는 다르게 행동하게 되는 것이다. 실현 가능성은 모르겠으나, 부부싸움 하게 되었을 때 합의하에 곁에 있는 스마트폰으로 녹화를 해보라. 녹화까지는 아니더라도 한 번 녹음이라도 해보라. 나중에 자신들을 돌아보기 위한 용도로 사용할 수 있겠지만, 그보다도 먼저 자신의 말이 녹음된다는 것을 아는 것만으로도 부부싸움의 형태가 평소와 달라질 것이다. 아마도 덜 감정적이고 더 이성적으로 말할 것이다.

마찬가지로 자기 자신에 대한 관찰이지만 마음챙김으로 자신을 보고 있다는 것을 아는 것만으로도 평소와는 달리 좀 더 주의 깊게 행동하고 사려 깊게 생각하게 만든다. 스마트폰으로 찍거나 녹음하지 않아도 된다.

마음챙김은 마음을 정화한다

마음챙김이 가져오는 마음의 정화는 다음과 같이 세 가지로 나눠서 볼 수 있다.

첫째, 마음챙김은 마음의 불건강한 요소들의 작용을 감소시켜준다.

마음챙김 자체가 이미 마음의 건강한 요소다. 게다가 우리가 한 번에 사용할 수 있는 정신자원의 양은 제한되어 있으므로, 마음챙김을 실행하면 그렇지 않았을 때보다 마음의 불건강한 요소들의 습관적 작용에 투여되는 정신자원의 양이 감소한다. 즉, 일상생활에서 불건강한 욕구나 생각의 활성화 기회가 감소된다.

둘째, 마음챙김은 마음의 불건강한 요소들을 해체시킬 수 있다.

마음의 불건강한 요소들의 많은 부분이 살면서 조건형성으로 만들어진 것들이다. 조건형성은 고전적 조건형성과 조작적 조건형성으로 구분된다.

고전적 조건형성의 대표적인 예는 파블로프Pavlov의 개 실험을 들 수 있다. 침 흘리기와 무관한 자극인 종소리가 침이 나오게 하는 음식과 반복해서 제시됨으로써 나중에는 종소리만으로도 침을 흘리게 된다. 즉, 음식(무조건 자극)과 침 흘리기(무조건 반응)의 관계에서 음식과 종소리가 연합되어 종소리(조건자극)에도 침 흘리기(조건반응)가 유발된다.

조작적 조건형성은 반응 후에 보상(전문용어로는 강화라고 함)이나 처벌이 연합되는 학습이다. 반응 후에 강화를 받으면 반응의 빈도가 증가하고 처벌을 받으면 반응의 빈도가 감소한다. 손님이 왔을 때 아이가 떼를 쓴다고 스마트폰으로 게임을 하게 해주면 손님이 왔을 때 아이의 떼쓰는 반응의 빈도는 증가하게 된다. 게다가 항상 허용해주는 것이 아니라 어떤 때는 들어주고 어떤 때는 들어주지 않게 되면 가변비율강화라고 해서 가장 소거하기 힘든 행동이 돼버린다.

인간의 행동은 고전적 조건형성과 조작적 조건형성이 결합되어 복잡한 형태의 네트워크로 연결되어 있다. 누구 혹은 무엇을 좋아하고 싫어하는 행동도 모두 기본적으로는 고전적 조건형성과 조작적 조건형성으로 만들어진다.

알게 모르게 분노를 자주 터뜨리는 사람이 마음챙김을 하면 분노를 유발하는 상황과 분노 행동 간의 연합이 해체된다. 분노를 유발하는 상황에서 마음챙김을 하게 되면 분노반응을 멈추고 바라보게 되므로 점차적으로 분노를 유발하는 상황과 분노반응 간의 조건형성이 약화되고 소멸되기 시작한다. 즉, 학습된 조건형성이 마음챙김을 통해 소거되기 시작한다.

과거를 자주 돌아보며 후회와 원망을 하는 마음의 습관, 미래에 대해 걱정하는 마음의 습관, 이런 습관들은 알게 모르게 가변비율강화로 유지된다. 이러한 마음이 나타날 때 마음챙김을 통해 떨어져서 바라보고 내려놓기를 반복하면 그러한 마음의 습관의 강도가 약화되기 시작한다.

마음챙김이 학습된 조건형성을 소거하는 것은 마치 햇볕이 얼음을 녹이는 것과 유사하다. 오랜 시간동안 얼어붙어 있던 마음의 불건강한 요소가 마음챙김의 빛을 통해 녹아버리는 것이다. 다르게 비유하면 학습된 조건형성은 매듭이 묶인 것이고 몹쓸 마법에 걸린 것인데 마음챙김은 매듭을 풀어주고, 마법을 풀어준다. 이와 같이 떨어져보는 순수한 관찰의 마음챙김은 업식業識이라고도 부를 수 있는 습관의 덩어리의 정화를 가져온다.

개인내의 조건형성의 변화는 개인 간의 조건형성에도 변화를 가져온다. 늘 같은 주제로 반복되는 언쟁을 하는 부부는 서로를 비난하고 상대를 고치려고 애를 쓴다. 이때 어느 한쪽이 부정적 반응을 멈추고 변화하면 상대방에도 변화가 시작된다. 남편이 보이는 반응은 아내에게는 자극이다. 그 자극에 대해 아내가 보이는 반응은 남편에게는 자극이다. 그 자극에 또 남편이 반응을 보이면 그 반응은 다시 아내에게 자극이 되고 아내는 그 자극에 또 반응을 보이게 된다. 남편의 반응을 A라고 하고 아내의 반응을 B라고 하면 A1⇨B1⇨A2⇨B2⇨A3⇨B3……. 이런 방식으로 반응의 연쇄가 일어난다. 이때 아내가 A2에 대해 B2를 보이지 않게 되면 남편은 A3을 보이지 못하게 된다. 관계에 새로운 변화가 시작될 수 있다.

셋째 마음챙김은 부정적 감정을 약화시킨다.

마음챙김으로 욕구, 사전지식, 선입관 등을 멈추는 것 자체가 조건에 대해 다른 반응을 보이는 것이다! 늘 특정 조건이 주어지면 특정한 반응(욕구적 반응, 인지적 반응, 행동적 반응)이 자동적으로 나타나는데 그것을 멈춤으로써 그 자극에 대한 반응이 변화한다!

감정은 일종의 불이다. 연료가 주어지지 않으면 불은 계속 탈 수 없다. 감정의 연료는 생각이다. 생각할수록 불안하고, 생각할수록 우울하며, 생각할수록 화가 난다.

마음챙김으로 부정적 감정상태를 있는 그대로 낱낱이 관찰하면 생각이 감소하고 결과적으로 감정도 약화된다.

의도적으로 바꾸려고 하는 것보다 그냥 바라보는 것이 더 효과적인 경우가 많다. 의도적으로 바꾸려고 하면 저항이 일어날 수 있다. 분노를 억압하려고 하면 속에서 더 강해질 것이다. 불안한 생각을 안 하려고 하면 더 하게 되고 불안을 피하려고만 하면 삶이 위축되고 생기가 떨어진다. 우울을 떨쳐내려고 할수록 더 깊이 빠져든다.

마음챙김은 통제하지 않음을 통한 통제다. 통제하려고 할 때는 오히려 통제가 안 되는 경우가 많다. 정신역설효과 mental irony effect로 인해 생각하지 않으려고 하면 할수록 더욱 생각이 난다. 예를 들어, 지금부터 1분 동안만 하얀 북극곰을 생각하지 말아보라! 가능할까? 대부분이 불가능하다. 하얀 북극곰을 생각하지 말라는 얘기를 듣지 않았다면 1분 동안이 아니라 1시간 동안도 하얀 북극곰을 생각하지 않았을 것이다.

통제하려고 하지 않고 그렇다고 회피, 도피도 하지 않고 단지 가만히 바라보는 것만으로 현상이 변화할 수 있다.

마음챙김은 고통을 감소시켜준다

우리가 경험하는 고통은 1차고통과 2차고통의 총량이다. 1차고통은 주어진 조건에 의해 경험하게 되는 고통이다. 2차고통은 주어진 것을 받아들이지 못하고 저항할 때 추가적으로 발생하는 고통이다. 일어난 일에 대해 내탓을 하거나 남탓을 하는 것은 대표적인 저항이다. 후회, 자책, 원망 등의 고통을 경험하게 된다. 일어난 일과 관련해서 미래에 대한 걱정을 하는 것도 우리가 자주 하는 저항이다.

마음챙김으로 일어난 현상을 있는 그대로 바라본다는 것은 그 현상을 있는 그대로 받아들인다는 것이 내포되어 있다. 받아들인다는 것은 주어진 것에 저항하지 않고 인정하는 것이므로 2차고통을 소멸시켜준다. 마음챙김은 일어난 현상에 대해 남탓이나 내탓을 하며 과거에 빠지지 않고, 있는 그대로 받아들이고 바라보는 제3의 길이다. 마음챙김은 미래를 걱정하며 현재의 짐을 가중시키지 않는다.

도식으로 표현하면 아래와 같다.

고통 = 1차고통 + 2차고통

(2차고통 = 1차고통 × 저항)

마음챙김은 저항을 줄여준다. 만약 마음챙김의 힘이 강하여 저항을 0으로 만들 수 있으면 2차고통은 소멸하게 된다. 적어도 마음챙김 하는 만큼 2차고통은 감소하고 우리가 경험하는 고통의 총량도 감소하게 된다.

남자친구가 데이트 약속에 늦은 것을 받아들이지 못하고 계속 비난하게 되면 남자친구도 화가 나고 결국 싸움으로 번져 그날의 데이트는 엉망이 돼버릴 것이다. 남자친구가 늦어 기분이 나빠진 것도 모자라 싸움까지 했으니 고통이 배가 된 것이다.

마음챙김은 통증도 감소시켜준다. 우리가 경험하는 통증에는 상당부분 1차적인 통증 외에 그 통증에 대한 저항적인 욕구와 생각들이 결합해서 발생하는 2차적 통증이 포함된다. 실제로 마음챙김은 만성통증환자를 위한 프로그램에 도입되어 상당한 효과를 보이고 있다.

마음챙김은 인내력을 양성한다

마음챙김은 인내력tolerance을 양성한다. 인내력은 신체적 또는 심리적 고통, 스트레스, 불편함 등을 회피하지 않고 직면하고 견뎌내는 힘을 말한다.

신체적 혹은 심리적 고통, 스트레스, 불편함에는 어색함, 화, 불안, 두려움, 걱정, 짜증, 안절부절못함, 초조, 조급함, 지루함, 애매함(불확실함), 배고픔, 궁금함, 치사스러움, 섭섭함, 질투, 시기, 당황스러움, 황당함, 실망, 배신감 등 다양한 형태가 포함된다.

현대인은 다른 어느 시대보다 인내력이 낮아진 것으로 보인다. 물질문명이 발달하면서 생활이 편리해지니 불편함에 대한 역치가 낮아져 조금만 불편해져도 견디지 못하게 되었다(Schoen, 2014). 예전에는 편지를 보내고 일주일, 이주일도 아무렇지 않게 기다릴 수 있었지만, 요즘은 카톡 문자에 답장이 조금만 늦어도 안절부절 해지는 사람이 많아졌다. 인내력이 약하게 되면 심리적 혹은 신체적 불편함에 노출되었을 때 자신이 평소에 하던 일도 하지 못하게 된다.

인내력이 약하면 작은 1차고통에도 저항을 일으켜 2차고통을 키운다. 결과적으로 경험하게 되는 고통의 총량이 증가하게 된다. 이렇게 되면 고통을 회피하는 반응으로 다양한 중독(약물 중독, 알콜 중독, 게임 중독, 섹스 중독, 도박 등)에 빠지거나, 몸이 자주 아파지거나, 불면증, 강박적 행동 등 여러 심리적 및 신체적 증상을 보이게 된다.

생활 속에서 경험하게 되는 웬만한 불편함에 대해서는 제거하려고 하기 보다는 그냥 받아들이고 함께 살아갈 수 있는 능력, 즉 인내력을 높이는 것이 더 필요하다. 자신의 글에 답글이 없거나 '좋아요'가 별로 없어도, 자신의 의견에 거스르는 말을 들어도 크게 상심하지 않고 자기 일을 할 수 있는 능력이 필요하다. 역설적으로 표현하자면, 우리에게는 불편함에 조금 더 편안해지는 능력이 필요하다.

일상생활에서 마음챙김을 꾸준히 적용하면 일상의 불편함이나 고통을 받아들이는 힘, 즉 인내력이 증진된다. 전통적인 용어로는 마음챙김을 꾸준히 하면 평정심equanimity 또는 부동심不動心을 양성하게 된다.

참고로 평정심은 사무량심四無量心의 사무량심捨無量心에 해당한다고 볼 수 있다. 사무량심은 자비희사慈悲喜捨의 4가지 무량심으로 불교에서 마음수양을 통해 양성하도록 권하는 마음의 건강한 요소들이다. 자慈무량심은 모든 생명을 사랑하는 마음이고, 비悲무량심은 모든 생명을 측은하게 여기고 돕고자하는 마음이고, 희喜무량심은 모든 생명의 기쁨을 보고 함께 기뻐하는 마음이고, 사捨무량심은 모든 생명을 평등하게 대하는 마음이다.

마음챙김은 나와의 새로운 관계정립을 돕는다

마음은 많은 나들이 사는 사회다. 욕구하는 나, 생각하는 나, 감정을 느끼는 나, 감각을 만드는 나, 언어를 처리하는 나, 운동을 담당하는 나 등 많은 나들이 다양한 역할을 맡고 다양한 관계를 맺고 살고 있다.

일반 사회의 구성원들이 그렇듯이 마음 사회의 구성원들 간에도 일정한 위계가 있다. 특히 하나하나의 욕구는 그 자체가 하나의 독립된 '나'로 마음의 사회에서 지배적 위치를 갖고자 한다. 욕구들은 서로 가까운 관계, 서로 상충하는 관계, 지배와 피지배의 관계 등으로 서로 협조하기도 하고 갈등을 일으키기도 한다.

생각하는 나는 욕구들에 대해 판단하고 평가하는 작용을 통해 특정한 감정을 만들어낸다. 특정 욕구가 잘 충족되거나 충족된다고 판단하면 긍정적인 감정이 만들어지고, 특정 욕구가 좌절되거나 좌절이 예상된다고 판단하면 부정적인 감정이 만들어진다. 남들보다 우월하고자 하는 욕구가 잘 충족되고 있다고 스스로 판단하면 자존감이 높아지고 우월감도 느낀다. 반면에 남들보다 우월하고자 하는 욕구가 좌절되고 있다고 스스로 판단하면 자존감이 낮아지고 열등감도 느끼게 된다.

특정한 내가 주도적으로 작용할 때 다른 나들은 배제된다. 마치 주도적으로 작용하는 나만이 전체 나인 것처럼 여기게 된다. 부분적인 나에 대한 과도한 동일시 때문이라고 할 수 있다.

마음챙김을 하면 주도적으로 작용하는 나를 큰 나의 의식 공간에 잠시 나타난 작은 나로 볼 수 있게 된다. 아울러 다른 나들에 대해서도 주의를 줄 수 있게 된다. 이렇게 마음챙김을 꾸준히 하면 내 안의 여러 나들 간의 관계에서 어느 하나가 독재적으로 작용하거나 특정한 나가 활동할 때 과도한 동일시를 하지 않고 균형 있게 스스로를 볼 수 있게 된다. 소외되고 억압받던 나들도 볼 수 있고 보살피고 배려할 수 있게 된다. 결과적으로 여러 나들 간에 건강한 조화로운 관계의 형성을 촉진하게 된다. 아울러 마음챙김을 통해 전체로서의 나에 대한 자각이 증진된다.

이러한 과정에 경험과의 관계변화가 수반한다. 현재 일어나는 경험이든 과거에 겪은 기억의 경험이든 이들과의 관계가 변화한다. 특히 부정적 경험(부정정서, 부정적 사고, 불건강한 욕구)과의 관계가 바뀐다. 경험과의 과도한 동일시에서 벗어나므로 경험을 다루는 것이 좀 더 자유로워진다. 대체로 경험 자체보다도 경험에 대한 태도(예: 저항)가 더 문제를 만든다.

제 3 장
마음챙김의 수행을 돕는 마음의 동맹군

이 책은 후반부에서 다루는 호흡 마음챙김 명상, 몸 마음챙김 명상 등은 모두 마음챙김의 기술과 힘을 점진적으로 키워가는 방법들이다. 여기서는 마음챙김의 수행을 돕는 마음의 요소들을 소개하고자 한다.

마음챙김은 기술이고 힘이다. 처음 배우고 수행할 때는 마음챙김의 기술도 부족하고 힘도 모자라다. 일상생활에서 도입하고 유지하기가 쉽지 않다. 특히 습관의 힘이 강한 영역에서 마음챙김의 지속은 고사하고 적용 자체도 어렵다. 따라서 마음챙김의 수행을 돕는 몇 가지 마음의 동맹군을 만들어 놓는 것이 좋다.

특히 호기심과 따뜻함과 함께 할 때 마음챙김은 나와 사람들에 대한 차갑고 건조한 관찰이 아니라 따뜻함과 호기심을 띤 관찰과 탐색이 되며 삶을 생생하고 따뜻하게 만들어준다.

마음챙김의 수행을 돕는 마음의 동맹군은 마음의 건강한 요소들인데 이들은 다시 마음챙김으로부터 도움을 받는다. 마음챙김이 작용할 때 마음챙김의 수행을 돕는 마음의 동맹군은 마음의 무대에 더 잘 드러날 수 있다. 말 그대로 마음챙김과 마음의 동맹군은 서로를 돕는 동맹군 관계인 것이다.

마음챙김의 비전 수립

마음챙김을 왜 수행하는지 스스로 목적의식을 분명히 하면 마음챙김을 수행하기 힘들 때도 마음챙김을 하고자 하는 동기가 강하게 지원해주므로 마음챙김을 적용하고 유지하는 것이 조금 더 수월해진다.

마음챙김을 하고자 하는 동기는 사람마다 다를 수 있다. 일반적으로는 스트레스를 감소시키고 삶의 웰빙을 좀 더 증진하고자 하는 목적으로 마음챙김을 배운다. 여기서 한 걸음 더 나가도 좋다. 마음챙김 수행을 나의 이해를 위한 생애 실험으로 삼는 것이다.

나라는 존재가 어떻게 이 놀라운 세계에 등장해서 100년

안팎의 제한된 삶을 살다가 가는지 참으로 경이롭기만 하다. 도대체 나는 누구인가? 마음챙김은 나에 대한 체험적 이해를 가져다준다. 나의 몸과 마음을 지적으로 이해하는 것이 아니라 체험하는 것이다. 어떠한 도그마, 철학, 종교적 관점도 내려놓고 오직 있는 그대로 나를 바라보는 것이 마음챙김이다. 오직 자기 자신의 관찰에 의지해서 자기 자신에 대해 탐구하는 것이다. 다양한 조건에서 보이는 나의 몸과 마음의 현상을 관찰하는 일생일대의 실험을 해보는 것이다.

마음챙김을 통해 나의 몸과 마음을 이해하는 과정은 나의 변화를 수반한다. 나의 주의집중 능력, 나의 습관적인 정보처리방식이 변화한다. 마음의 건강한 요소와 불건강한 요소를 깊이 이해하고 다스림으로써 나의 성장이 이루어진다. 마음챙김은 또한 세계에 대한 이해를 새롭게 한다. 우리가 경험하는 세계(사람, 사물, 사건)는 우리의 주관이 반영된 결과물이다. 가급적 우리의 주관을 멈추고 바라보면 경험되는 세계가 변화한다. 사람들과의 관계, 세상과의 관계가 건강하게 변해간다. 이렇게 볼 때 마음챙김은 나의 성장을 위한 생애 프로젝트로 삼고 수행할 수도 있다.

생애 실험, 생애 프로젝트라는 말이 너무 거창해 보인다면, 삶에서 스트레스를 좀 더 잘 다스릴 수 있고 삶이 좀 더 행복해지기를 바라는 소박한 마음도 좋다. 다만 스트레스를 다스리고 행복해지기 위해서도 외부환경의 변화 이전에 나를 이해하고 나를 변화시키는 것이 필요하다는 인식을 분명히 하는 것이 필요하다.

일상의 스트레스 관리와 행복 증진을 위해서도 마음챙김을 감기 걸렸을 때 먹는 약처럼 대하지 말고 몸과 마음을 건강하게 하는 생활습관으로 여기고 평생 실천하려는 자세가 필요하다.

아울러 마음챙김이 바로 나를 이해하고 나를 긍정적으로 변화시키는데 유용한 방법이라는 이해와 신뢰를 확실히 하고 반복해서 다지는 것이 좋다. 그러면 마음챙김 수행이 어렵게 느껴지거나 이런 저런 이유로 퇴굴심退屈心이 생길 때 마음챙김 수행을 통한 나의 이해와 성장이라는 비전이 마음챙김을 지속하고자 하는 동기에 다시금 불을 지펴 줄 것이다.

호기심

마음챙김 자체는 나 자신에 대한 순수한 관찰이다. 그러나 그 관찰을 적용하고 유지하기 위해서는 관찰 대상에 대한 관심, 호기심의 동기가 중요하다.

나에 대한 관심, 호기심을 갖는 것이 필요하다. 나의 몸과 마음은 이런 저런 상황에서 어떤 반응을 보이나? 그러한 호기심의 열린 자세가 나에 대한 마음챙김의 적용과 유지를 곁에서 도와준다.

내 마음에 투영된 사람들, 그들과의 관계, 그들과의 관계에서 내 마음에 나타나는 욕구, 생각, 감정, 감각, 행동 등에 대한 관찰에서도 마찬가지다. 사람들은 어떤 말과 행동을 하지? 그들에게 나의 몸과 마음은 어떻게 반응하고 행동하지? 이러한 호기심의 열린 자세가 마음챙김의 적용과 유지를 옆에서 도와준다.

호기심은 모든 관찰에서 객관화를 도와주지만, 특히 나에 대한 관찰에서 나를 객관화하고 대상화하는데 도움이 많이 된다. 일반적으로 나의 몸과 마음의 '작은 나'들에 대한 동일시의 습관이 매우 강하기 때문에 호기심의 태도를 갖는 것이 나의 몸과 마음을 떨어뜨려놓고 제3자처럼 관찰하도록 도와준다.

호기심은 마음챙김의 적용과 유지를 도와주기도 하지만, 마음챙김이 제대로 작용하면 대상에 대한 호기심이 자연스럽게 일어난다.

따뜻함과 부드러움

마음챙김을 할 때 내 마음의 어떤 요소들은 내 모습이지만 보고 싶지 않고 회피하고 싶은 대상이다. 이럴 때 이러한 요소들에 대해서는 따뜻하고 부드러운 관심으로 접근하는 것이 좋다. 있는 그대로의 관찰이지만 약간의 따뜻함과 부드러움을 띄는 것이 도움이 된다.

이러한 따뜻하고 부드러운 관심의 감싸주는 자세가 마음챙김을 적용하고 유지할 수 있도록 옆에서 도와주며 마음챙김의 밝은 빛을 따뜻하고 밝은 빛으로 만들어준다.

내 마음에 투영되는 사람들에 대한 관찰에서도 마찬가지다. 특히 싫은 모습을 보일 때 마음챙김을 적용하고 유지하기가 어렵다. 따뜻하고 부드러운 관심이 함께 할 때 도움이 된다.

참고로 따뜻함과 부드러움은 '그래도 돼', '그럴 수도 있지', '무슨 이유가 있겠지.' 등의 웰빙인지[3]를 동원할 때 힘을

---

3 "웰빙인지란 활성화되었을 때 스트레스 정서를 감소시키거나 웰빙정서를 일으키는 인지로서 일반적으로 문장이나 구절('그럴 수도 있다', '별일 아니다', '이것이 더 좋을 수도 있다', '이 또한 지나가리라', '범사에 감사하라', '인간만사 새옹지마' '왕관을 쓰려면 왕관의 무게를 견뎌라.' 등)로 표현되며, 시, 소설, 에세이, 성경이나 불경의 구절, 속담, 명언, 노래가사 등에서 발췌될 수 있다." (김정호, 2015, pp.154-155)

얻는다. 이러한 웰빙인지는 특히 판단과 평가를 내려놓고 있는 그대로의 받아들임을 도와준다.

호기심에서와 마찬가지로, 따뜻함과 부드러움은 마음챙김을 도와주기도 하지만, 마음챙김이 제대로 작용할 때 부정적인 모습을 보이는 대상에 대한 따뜻한 자비의 마음이 자연스럽게 나타난다.

받아들임을 도와주는 웰빙인지

웰빙인지는 생각의 일종이다. 마음챙김은 욕구-생각을 내려놓고 바라보는 것이므로 웰빙인지는 마음챙김을 위해서는 내려놓아야 할 것으로 볼 수 있다. 그러나 웰빙인지는 마음챙김의 동맹군이다! 왜 그런가? 오랑캐로 오랑캐를 다스리는 이이제이以夷制夷, 열로 열을 다스리는 이열치열以熱治熱이기 때문이다. 즉, 생각을 생각으로 다스리는 것이다. 욕구-생각 내려놓겠다고 한 번에 내려놓아지는가? 한 번의 알아차림만으로 내려놓아지는 것도 욕구-생각도 있지만 그렇지 않은 것들이 많다. 이때 욕구-생각을 잘 활용하면 오히려 욕구-생각을 내려놓는데 도움이 된다.

이 세상에 하나뿐인 와인 한 잔이 주어진다면 어떻게 마실

까? 한 입에 벌컥 털어 넣어 버릴 사람이 있을까? 그렇게 행동하지 않을 것이다. 아마도 자신의 모든 주의를 기울여 와인의 빛깔, 향기, 맛을 아주 조금씩 최대한 음미하며 마실 것이다. 눈앞의 와인 한 잔을 온전히 음미하고자 하는 욕구 외에 다른 어떠한 욕구-생각의 개입도 없을 것이다. 이것이 가능한 것은 단 한 가지, 주어진 와인 한 잔이 세상에 하나뿐인 귀한 와인이라는 앎, 인지 때문이다. 이러한 인지가 다른 모든 욕구-생각을 잠재우고 바로 눈앞의 와인에만 주의를 집중할 수 있게 해준 것이다.

마찬가지로 적절한 웰빙인지는 주의의 투입과 철수를 도와준다. 과거나 미래와 관련된 부정적 반추를 내려놓고 온전히 마음챙김의 대상에 주의를 기울이도록 도와준다.

'그럴 수도 있지.', '이게 더 좋을 수도 있어.', '전화위복轉禍爲福', '걱정을 한다고 걱정이 없어지면 걱정이 없겠네.' 등의 웰빙인지는 과거나 미래에 대해 불건강한 반추를 하는 '작은 나'를 달래고 현실을 있는 그대로 바라보게 하는 마음챙김을 적용할 수 있도록 도움을 줄 수 있다.

헬렌 켈러의 에세이 '3일만 볼 수 있다면Three Days to See'을 읽어 본다면 비록 그런 마음이 삼일 밖에 가지 않는다 해도 우리가 지닌 감각의 소중함에 눈 뜨게 해주고 경험하는 감각에 보다 온전하게 주의를 기울이고 싶게 해줄 것이다. 잡다한 욕구-생각에 빠져 반半좀비의 상태로 사는 것이 아니라 내 몸을 통해 경험할 수 있는 감각을 생생하게 느끼며 살게 할 것이다.

믿음과 '오직 할 뿐'

마음챙김에 대한 바른 이해를 통해 마음챙김이 가져다주는 유익함에 대한 믿음을 분명히 하고 '오직 할 뿐'의 자세로 나아가는 것이 마음챙김의 적용와 유지를 도와준다.

빨리 숙달하려는 욕심이 있으면 마음챙김의 적용과 유지가 잘 안 될 때 쉽게 실망하고 포기하게 된다. 마음챙김의 숙달은 평생의 과업, 생애 프로젝트라는 생각으로 길게 보고 마음챙김의 유익함에 대한 믿음을 가지고 '오직 할 뿐'으로 나아간다.

마음챙김을 놓쳤다고 뒤늦게 깨달았어도 마음챙김을 조금 늦게 적용했더라도 이러한 과정을 통해 조금씩 발전하는 것이라는 믿음을 가지고 길게 보고 '오직 할 뿐'의 소걸음으로 간다.

달라이 라마는 중국 공산당이 침략했을 때 히말라야 설산을 넘어 인도에 망명정부를 수립했다. 나중에 사람들이 어떻게 그 험한 히말라야를 넘었는지 물었는데 이렇게 대답했다고 한다. "한 번에 한 걸음씩 걸었을 뿐입니다."

명칭 부여

마음챙김을 할 때 마음챙김의 대상을 짧게 단어나 문장으로 표현하고 반복하는 것은 지금의 마음챙김 대상에 대한 주의집중을 높여준다.

호흡 마음챙김 명상을 할 때는 '들숨', '날숨', '앉아있음' 등의 명칭 부여가 호흡에 주의를 집중하며 마음챙김하는 것을 도와줄 수 있다. 몸 마음챙김 명상에서는 주의를 보내는 몸의 부위의 명칭(예: 어깨)을 속으로 반복한다. 행위 마음챙김에서는 행위의 의도와 행위를 간단하게 표현해준다. 예를 들어, 앉아 있다가 이를 닦으러 갈 때는 '이를 닦고자 함', '일어나고자 함', '일어남' 등으로 표현한다.

일상생활에서 불안할 때, '불안' 혹은 '불안해하고 있음' 이라고 속으로 반복하며 불안을 있는 그대로 관찰한다. 화가 일어날 때는 '화' 혹은 '화가 올라옴' 이라고 속으로 반복하며 분노를 세세하게 떨어져서 관찰한다.

명칭 부여는 잡생각을 방지하는데도 효과적이어서 마음챙김을 명상의 형태로 수행하는 마음챙김 명상을 할 때도 도움이 된다. 우리의 뇌는 쉬는 것을 좋아하지 않고 마음을 진공상태로 두는 것을 좋아하지 않는다. 계속해서 생각을 만들어낸다. 뇌는 일종의 '생각 기계'다. 짧은 단어나 문장을 반복하는 것은 일종의 이이제이以夷制夷고 이열치열以熱治熱이다. 왜냐하면 생각이란 속으로 하는 말이라고 볼 수 있으므로 짧은 단어나 문장을 반복하는 것은 생각을 차단해주는 효과를 가져 오기 때문이다. 말하자면 생각이라고는 할 수 없는 짧은 단어나 문장으로 언어중추를 미리 장악해버림으로써 생각을 차단하는 것이다. 이런 점에서는 화두話頭 명상에서 '이뭣고'와 같은 화두를 반복하는 것이나 주문을 외우는 만트라mantra 명상도 불필요한 욕구-생각을 내려놓게 해주는 효과를 가져오는 것으로 보인다.

바른 생활

조용한 곳에 단체로 집중수행을 들어가면 마음챙김을 익히기 쉽다. 그러나 자칫 다시 일상으로 돌아온 후에 제대로 수행이 되지 않아 실망하고 조용한 곳만 찾으려는 사람도 있다. 그러나 마음챙김은 결국 일상의 터전에서 적용되는 것이 중요하다. 일상생활을 하면서 마음챙김 수행을 하려면 가급적 생활을 단순화하고 바른 생활을 하도록 한다. 불필요한 스트레스가 만들어지지 않아 방해에 도움이 된다.

가급적 마음챙김 수행과 관련된 책이나 동영상을 보는 것도 좋다. 마음챙김 수행의 동기가 강해지고 가만히 있을 때도 명상 관련 내용이 떠오르기 쉽다. 그만큼 불필요한 후회, 원망, 걱정이 덜 떠오른다.

아울러 수행 초기에는 가급적 행위보다는 관찰에 초점을 둔다. 대화를 할 때는 가급적 말하기보다는 듣도록 한다. 불필요한 행위와 말을 줄이고 관찰에 주의를 더 보낼 수 있다.

제 2 부

기본 마음챙김 명상

기본 마음챙김 명상은 마음챙김을 명상의 방식으로 수행하는 방법으로 호흡 마음챙김 명상, 몸 마음챙김 명상, 우두커니 마음챙김 명상을 포함한다.

기본 마음챙김 명상에서는 특별한 행위 없이 고요한 상태에서 감각에 주의를 집중하며 마음챙김을 수행한다.

호흡 마음챙김 명상, 몸 마음챙김 명상, 우두커니 마음챙김 명상 등 기본 마음챙김 명상은 각각 호흡 감각, 몸의 감각, 몸과 주변 환경으로부터의 감각을 주요한 주의집중의 대상으로 삼는다는 점에서 구분된다. 그러나 기본적으로는 나를 객관적으로 바라봄이다. 호흡 마음챙김 명상에서는 가만히 앉아 호흡하는 내 몸을 바라본다. 몸 마음챙김 명상에서는 가만히 앉아 내 몸 전체를 바라본다. 우두커니 마음챙김 명상에서는 가만히 앉아 내 몸과 내 몸의 감각기관을 통해 인식되는 세계를 바라본다.

기본 마음챙김 명상에는 주요한 주의집중의 대상은 아니지만, 현재의 감각과 무관한 욕구, 생각, 감정 등 여러 가지 마음의 요소가 마음에 나타날 때 마음챙김을 통해 놓치지 않고 있는 그대로 떨어져보고 내려놓는 훈련이 포함된다.

기본 마음챙김 명상을 통해 나에 대한 객관화의 기초를 확립할 수 있게 된다. 특히 몸의 감각을 있는 그대로 경험하면서 몸에 대한 객관화가 진행되고, 감각에 대한 주의집중 가운데 나타나는 욕구, 생각, 감정 등을 떨어져서 보고 내려놓을 수 있게 되면서 마음에 대한 객관화도 진행된다. 이와 같이 몸과 마음의 객관화는 바로 나에 대한 객관화이다. 기본 마음챙김 명상을 통해 내가 보이기 시작한다. 특히 우두커니 마음챙김 명상을 통해서는 세계에 대한 있는 그대로의 객관적 인식의 훈련도 이루어진다.

기본 마음챙김 명상을 충실히 수행함으로써 일상생활에서도 나의 몸과 마음, 그리고 세계를 객관화 하는 능력을 좀 더 발전시킬 수 있게 된다. 또한 기본 마음챙김 명상은 일상생활 가운데 간간이 실천함으로써 생활 속에 마음챙김을 회복하고 유지하는 효과를 주며, 몸과 마음의 휴식과 치유도 제공해준다.

제 4 장
마음챙김의 수행방법

마음챙김의 단계적 수행

정보처리적 관점에서 인간의 행위는 모두 정신자원을 필요로 한다. 나에 대한 관찰인 마음챙김도 정신자원을 사용한다. 따라서 사고작용을 많이 사용하거나 복잡한 일을 할 때는 정신자원이 많이 동원되기 때문에 이러한 일을 하며 동시에 마음챙김 하는 것이 쉽지 않다. 특히 마음챙김의 기술과 힘이 충분히 숙달되고 자라기 전에는 마음챙김을 유지하는 것은 고사하고 마음챙김의 적용 자체도 어렵다. 그래서 마음챙김은 먼저 특별히 일이 많지 않는 상황에서 연습을 하고 나중에 좀 더 복잡하고 사고작용을 많이 사용하는 상황에서도 적용할 수 있도록 한다.

일반적으로 어떤 정보처리든 숙달이 되면 자동화되어 더 적은 정신자원만으로도 필요한 일을 수행할 수 있다. 운전을 처음 배울 때는 라디오를 듣거나 옆 사람과 대화를 나누는 것이 불가능하다. 그러나 운전에 숙달되면 적은 정신자원만으로도 충분히 운전을 할 수 있으므로 운전을 하면서도 동시에 다른 일을 할 수 있게 된다.

좀 더 단순한 상황에서부터 마음챙김을 익히는 것은 무예를 배우는 과정과도 비슷하다. 무예는 실제 적을 만났을 때 적용하는 것을 목표로 하지만, 배울 때는 적이 공격하지 않는 상황에서 기본기를 먼저 익힌다. 그 다음에 약속된 방식으로 공격과 방어를 연습하고, 나중에는 아무런 제약이 없는 실전 상황에서 공격과 방어를 하며 무예실력을 펼친다.

마음챙김을 배울 때도 아무 것도 하지 않고 앉은 상태에서 나를 관찰하고, 나아가 걷기나 샤워처럼 단순한 행위를 하는 상태에서 나를 관찰하며, 차차 대화를 하는 상태에서도 나를 관찰하는 방식으로 연습을 진행하여 일상생활 전반에 마음챙김이 적용될 수 있도록 한다.

마음챙김은 왜 명상과 함께 수행하나?

마음챙김을 하려면 먼저 관찰할 대상에 주의를 집중하는 것이 필요하다. 망치로 못을 박을 때 못이 흔들리지 않도록 잘 잡고 고정시켜야 못을 제대로 박을 수 있다. 마찬가지로 마음챙김의 대상을 있는 그대로 순수하게 바라보기 위해서는 마음챙김의 대상에 주의가 집중되어야 한다.[4] 주의가 자꾸 움직이면 대상을 제대로 관찰할 수 없다. 명상은 주의집중의 대상을 정하고 그것에 주의를 집중하는 훈련이므로 명상을 하며 마음챙김을 연습하는 것은 마음챙김의 초기숙달 과정에서 유용하다.

명상은 일반적으로 집중명상을 말하는데 일종의 주의훈련이라고 할 수 있다. 명상은 생각을 하지는 않되 깨어있는 것을 목표로 한다. 생각을 하지 않고 깨어있기 위해 명상에서는 생각과 관련 없는 것(일반적으로 감각)에 주의를 집중하는 방법을 사용한다. 예를 들면, 기하학적인 시각 자극에 주의를 집중하는 만다라mandala 명상, 특정한 소리를 반복하며

---

4 이런 점에서 마음챙김은 '주의집중+순수한 관찰'이라고 정의하기도 한다(김정호, 1995).

그것에 주의를 집중하는 만트라 명상이 있으며, 가장 대표적으로는 촉각 자극에 속하는 호흡감각에 주의를 집중하는 호흡 명상이 있다(김정호, 1994).

이와 같이 명상에서는 주의집중력을 양성할 뿐만 아니라 욕구와 생각을 내려놓는 훈련도 함께 이루어진다. 학생들이 학교에서 공부를 하거나 사무직 직원이 일을 하며 주의를 집중할 때는 사고작용이 많이 동원된다. 그러나 명상에서는 명상의 대상에 대해 주의를 집중하고자 하는 동기 이외의 욕구와 사고작용을 멈추는 방식으로 주의를 집중한다. 따라서 명상과 함께 마음챙김을 수련하면 마음챙김의 대상에 주의를 집중하며 순수하게 관찰하는 마음챙김을 익히기 쉽다.

일반적으로 마음챙김은 명상의 형태로 수행되기 때문에 마음챙김 명상은 집중명상과 대비되는 명상의 한 유형으로 분류된다. 그러나 마음챙김 명상과 집중명상이 완전히 상이한 것은 아니다. 특히 마음챙김 명상에는 집중명상의 요소가 중요하게 포함되어 있다. 과학적 연구를 통해 마음챙김 명상이 몸과 마음에 여러 가지 긍정적 효과를 미치는 것으로 밝혀지고 있는데 이러한 효과의 상당 부분은 집중명상의 요소를 반영하는 것으로 보인다.

아래에서는 단계적으로 마음챙김을 수행할 수 있도록 여러 가지 명상과 함께 마음챙김을 수행하는 기본형의 마음챙김 명상으로 호흡 마음챙김 명상, 몸 마음챙김 명상, 우두커니 마음챙김 명상 등을 소개한다. 참고로 무예의 경우에 평생 적을 만나지 않아도 기본기를 배우며 몸과 마음을 수련할 수 있는 것처럼, 마음챙김도 기본형의 마음챙김 명상의 수행만으로도 몸과 마음의 유익함을 얻을 수 있다.

왜 감각인가?

마음챙김 명상의 기본형인 호흡 마음챙김 명상, 몸 마음챙김 명상, 우두커니 마음챙김 명상 등은 각각 호흡에 따른 감각, 몸에서 느껴지는 감각, 오감을 통해 경험되는 감각에 주의를 집중하며 마음챙김 하는 명상이다. 그런데 왜 모두 감각에 집중하는가? 세 가지 서로 관련된 이유를 들 수 있다.

첫째, 감각에 주의를 집중하면 욕구-생각을 적게 하기 때문이다. 앞에서도 언급했듯이 욕구-생각이 많이 작용하는 경우에는 많은 정신자원이 욕구-생각으로 동원되므로 마음챙김에 충분한 정신자원을 보내기 어렵다. 또 앞에서도 언급한 정신역설효과로 인해 욕구-생각은 하지 않으려고 하면 더 강해지는 경향이 있다. 여기서 각각의 정보처리는 제한된 정신자원을 나눠 쓰는 제로썸zero-sum 관계에 있다는 점을 이용한다. 즉, 욕구-생각을 하지 않으려고 하기 보다는 감각에 대한 정보처리를 늘리는 것이다. 감각에 주의를 집중하게 되면 자연스럽게 욕구-생각으로 가는 주의는 줄어들게 된다.

둘째, 명상을 통해 감각에 주의를 집중하여 욕구-생각이 줄면 마음이 평화로워진다. 이런 마음 상태를 '영점-나Zero-I' 라고 부를 수 있다. 영점-나란 내 마음의 기본 상태로서, 서 있든 누워 있든 혹은 앉아 있든 잠을 자고 있지는 않으나 욕구-생각의 작용을 쉬고 단지 깨어있는 상태다. 마치 저울의 0점과 같은 상태이기 때문에 영점-나라고 부른다.

저울은 물건을 올려놓으면 무게를 가리킨다. 물건을 내려놓으면 다시 0점으로 돌아간다. 새로 물건의 무게를 재려면 앞에 올려놓은 물건은 내려놓아야 한다. 또 0점이 잘 맞지 않으면 조정해서 0점을 맞춰야 한다. 그래야 물건의 무게를 정확하게 잴 수 있다.

인간의 마음도 0점 상태를 잘 유지할 수 있어야 한다. 그러나 우리는 마음의 저울에 심리적 부담을 얹고는 내려놓을 줄을 잘 모른다. 내려놓기를 자주 연습해서 필요할 때는 부담을 지고 필요하지 않을 때는 내려놓을 줄 하는 기술을 양성하는 것이 필요하다.

감각에 주의를 집중하며 욕구-생각을 내려놓을수록 우리의 마음상태는 영점-나 상태에 가까워진다. 호흡감각에만 주의가 집중되어 욕구-생각이 쉬어졌을 때 우리 마음은 자족自足 상태가 된다. 덜할 것도 더할 것도 없는, 더 바랄 것이 없는 평화로운 마음 상태가 된다.

셋째, 감각이라고 하는 주의집중의 대상이 있으므로 주의집중의 대상이 아닌 욕구-생각이 떠오를 때 그것을 바라보고 알아차리는 훈련도 함께 할 수 있다. 집중명상에서는 주의집중의 대상이 되는 감각에만 집중하는 것이 주요한 목표이지만, 마음챙김 명상에서는 감각에 주의를 집중하되 욕구-생각이 떠오를 때 그것을 바라보고 알아차리는 것도 수행의 중요한 일부다.

명상의 유익함: 마음의 평화와 '오직 할 뿐'

명상의 첫 번째 유익함은 마음의 평화다. 명상에서는 어떤 감각을 주의의 대상으로 하느냐에 따라 종류가 달라져도 기본적으로 감각에 주의를 집중함으로써 마음의 공간에서 욕구-생각을 감소시켜 영(0)점 상태로 만들고자 한다. 대부분의 욕구-생각이 과거의 후회와 원망, 미래의 걱정으로 이루어져 있기 때문에 욕구-생각을 내려놓으며 마음이 평화로워진다. 동시에 감각에 대한 집중의 증가 자체에서 감각이 주는 기쁨이 있다.

명상의 또 다른 유익함은 명상을 하는 과정에서 얻어지는 '오직 할 뿐'의 자세다. '오직 할 뿐'의 자세는 과거나 미래에 휘둘리지 않고 오직 지금-여기에 충실하게 임하는 자세다. 명상에서 주의집중의 대상인 감각에 집중할 때 떠오르는 과거나 미래의 욕구-생각을 다룸에 있어서 쫓아가거나 쫓아내지 않는 기술, 즉 싸우지 않고 다루는 기술을 익히게 된다. '음, 그래' 하고 오직 지금-여기의 주의집중 대상인 감각으로 돌아와 주의를 기울인다. 지금-여기의 주의집중 대상에만 주의를 보낼 때 다른 것에 휘둘리지 않는다.

'오직 할 뿐'의 자세는 일상생활에서 유익함이 크다. 우리가 공부를 하거나 어떤 일을 할 때 내면의 저항이 클 때가 있다. 이러한 저항은 주로 과거나 미래의 욕구-생각에서 온다. 이러한 저항을 다스리는데 명상에서 익힌 '오직 할 뿐'의 자세가 도움이 된다.

심리학적에서는 어떤 일을 할 때 그 일 자체에서 오는 즐거움내재적 보상을 위해 한다면 내재적 동기에 의해 행동한다고 하고, 그 일의 결과에서 오는 보상외재적 보상을 위해 한다면 외재적 동기에 의해 행동한다고 한다. 공부 자체의 즐거움에서 공부한다면 내재적 동기에 의해 공부하는 것이지만, 좋은 성적을 받기 위해 공부한다면 외재적 동기에 의해 공부하는 것이다. 요즘 같은 경쟁사회에서는 사람들이 외재적 동기에 의해 행동하기가 쉽다.

외재적 동기에 의해 공부를 하게 되면 결과, 즉 성적에 집착하게 된다. 그렇게 되면 과거에 성적이 잘 안 나왔던 기억, 그런 자신에 대한 후회 등의 생각이 떠오르거나, 미래에 원하는 성적을 받지 못하면 큰일이라는 걱정 등의 생각이 일어나게 된다. 그런데 이럴수록 지금 하는 공부에 집중하지 못하게 되어 원하는 결과를 얻지 못하게 된다. 이런 결과는 자신감의 하락을 가져오고 다음 공부에 다시 부정적으로 작용하는 악순환에 빠지게 된다.

명상에서 '오직 할 뿐'의 자세를 습득하게 되면 일상생활에서도 '오직 할 뿐'으로 임하게 되고 과거나 미래의 불건강한 욕구-생각을 다투지 내려놓음으로써 공부에 대한 집중도가 높아지고, 이로 인해 공부 자체의 즐거움을 더 잘 느끼게 되고, 결과적으로 더 좋은 성적을 얻게 된다. 이런 결과는 선순환을 일으키며 공부에 대한 자신감도 증진된다.

공부든, 일이든, 사업이든 마찬가지다. 지금-여기서 '오직 할 뿐'으로 하는 것은 마음의 건강과 공부/일/사업의 좋은 결과를 위해서도 중요하다.

마음챙김과 명상의 유익함 비교

마음챙김을 마음챙김 명상으로 수행하면 마음챙김의 유익함 뿐만 아니라 명상의 유익함도 함께 얻을 수 있다. 마음챙김의 유익함에 대해서는 앞장에서 충분히 설명했다. 마음챙김의 유익함은 주로 욕구-생각을 내려놓고 객관적으로 바라보는데서 온다. 명상의 유익함은 마음의 공간으로부터 욕구-생각을 내려놓는데서 온다. 명상에는 바라보기가 없지만 마음챙김에는 바라보기가 있으며 일상생활에서 욕구-생각을 사용하는 상황에서도 적용할 수 있다는 것이다. 마음의 무대에서 욕구-생각이 있든 없든 마음의 무대에서 활동하는 마음의 요소들을 특별한 욕구-생각 없이 있는 그대로 바라보는 것이다. 다시 말해서 일상생활에서 욕구-생각을 사용해도 그것을 바라보는 마음챙김에는 욕구-

생각이 포함되지 않는다.

명상을 할 때는 불필요한 욕구-생각이 내려놓아지며 마음의 평화를 경험하지만 명상이 끝난 후에는 그 효과의 지속이 오래 가지는 않는다. 불필요한 욕구-생각이 시간이 지나면서 다시 올라오게 된다. 물론 명상을 하는 동안 자연스럽게 불필요한 욕구-생각의 내용이 어느 정도 소거되고 불필요한 욕구-생각을 일으키는 습관이 감소할 수 있다. 그러나 이러한 효과는 주의집중의 대상에 대한 집중에서 오는 효과라기보다는 주의집중 과정에 나타나는 불필요한 욕구-생각을 알아차리고 내려놓는 과정에서 탈조건화 효과라고 봐야 할 것이다.

마음챙김의 경우에는 일상생활에서 작용하는 욕구-생각을 바라봄으로써 그 영향력을 감소시키는 선택을 할 수 있고 탈조건화 과정도 일어나게 된다.

따라서 마음챙김을 명상의 방식으로 수행하는 마음챙김 명상은 마음의 평화와 '오직 할 뿐'의 자세라는 명상의 효과를 얻으면서 마음챙김을 수행할 수 있는 좋은 길이다.

제 5 장
호흡 마음챙김 명상

마음을 관찰하는 대표적인 방법이 호흡 마음챙김 명상이다. 내가 아무 것도 하지 않고 앉아 있을 때도 호흡은 한다. 따라서 가만히 앉아 호흡을 주의집중의 대상으로 삼고 관찰하는 것은 아무 것도 하지 않을 때의 나를 보게 해주고, 동시에 마음챙김의 기술을 양성하게 해준다. 호흡과 같이 단순한 행위의 관찰을 통해 마음챙김의 기술이 발달하면 좀 더 복잡한 행위를 하면서도 마음챙김을 적용할 수 있게 된다. 또한 호흡은 늘 나와 함께 하므로 일상생활 중에도 언제나 호흡에 주의를 보냄으로써 마음챙김의 태도를 회복할 수 있다.

1. 호흡에 대한 이해

호흡 마음챙김 명상에 들어가기 전에 잠시 호흡에 대해 알아보자. 내가 잘 때나 깨어있을 때나 내 몸은 호흡을 하며 나를 살아 있게 한다. 내가 기쁠 때나 슬플 때나, 고통스러울 때나 행복할 때나 내 몸은 말없이 호흡을 하며 나를 살아 있게 한다. 이렇게 호흡을 해주는 내 몸에 대해 감사와 경이로움을 느끼지 않을 수 없다.

호흡은 몸과 마음의 상태를 반영한다

우리가 일상생활에서 하는 행위 중 어떤 것이 가장 중요할까? 공부하기? 돈 벌기? 책 쓰기? 사랑하기? 다 나름 중요하다. 그러나 그 어떤 행위도 호흡이 없다면 불가능하다. 호흡이 없이 우리는 생존할 수 없고 어떤 다른 행동도 할 수 없다. 사실 호흡 외에도 소화, 배설, 혈액순환, 면역작용, 해독작용, 체온조절 등 몸이 하는 많은 일들이 평소에 우리가 그 중요성을 생각하지 못하고 있지만, 우리의 생존에 없어서는 안 되는 중요한 작용들이다. 어찌 보면 우리 몸은 참으로 지혜롭다. 우리의 마음보다 똑똑하다.

마음은 몸의 일이 어떻게 이루어지는지 모르지만 책을 읽고 있는 이 순간에도 몸은 이 모든 놀라운 일들을 말없이 수행하고 있다!

몸이 하는 중요한 활동은 대부분 우리의 의식과는 관계없이 자율적으로 이루어진다. 그러나 호흡은 예외다. 호흡은 몸이 하는 자율적 활동 중 매우 독특한 특성을 갖는다. 평소에 우리가 신경 쓰지 않아도 몸이 알아서 호흡을 한다. 그러나 필요할 때는 숨을 참을 수도 있고 심호흡을 할 때처럼 호흡의 길이와 속도를 조절할 수도 있다.

호흡은 우리의 마음상태를 반영하기도 한다. 스트레스 상태에서 우리의 호흡은 빨라지고 얕아지거나 불규칙해지며, 마음이 편안해지면 호흡은 느려지고 깊어진다. 따라서 호흡을 관찰하는 것은 내 마음의 상태를 관찰하는 것이 된다. 마음의 상태는 또한 몸의 상태를 반영하므로 호흡의 관찰은 마음뿐만 아니라 몸의 상태에 대한 관찰이기도 하다.

호흡에 대한 관찰은 몸과 마음의 상태를 변화시킨다

호흡의 관찰은 몸과 마음의 상태를 알려주기도 하지만, 몸과 마음의 상태에 영향을 주기도 한다. 호흡을 의도적으로 통제하는 것이 몸과 마음의 상태를 변화시킬 수 있다. 예를 들면 숨을 천천히 깊게 쉬면 몸과 마음이 편안하고 이완하게 하는데 도움이 된다. 그러나 잠시 의도적으로 숨을 천천히 깊게 쉬는 것은 괜찮지만 지속적으로 호흡을 특정한 방식으로 통제하려고 하면 자칫 호흡이 부자연스러워지고 불편해질 수 있다.

호흡을 특별히 통제하지 않아도 단순히 호흡을 관찰하는 것만으로도 몸과 마음의 상태를 변화시킬 수 있다. 호흡을 관찰하기 위해 호흡에 주의를 기울이면 마음을 산란하게 할 수 있는 생각으로 가는 주의를 감소시키므로 자연스럽게 마음이 고요해지며 몸이 이완되고 호흡은 깊고 느려진다.

호흡 과정

호흡은 외부의 공기를 들여오고 내보내는 과정으로 이를 통해 우리 몸에 필요한 산소를 혈액에 공급하고 이산화탄소를 방출한다. 호흡은 주로 늑간근肋間筋, intercostal muscles과 횡격막橫隔膜, diaphragm을 통해 이루어진다. 흉강가슴 공간을 하나의 원통이라고 할 때 늑간근의 확장과 수축은 흉강 외벽의 확장과 수축을 일으킨다. 횡격막의 수축과 확장은 흉강 바닥면의 확장 및 수축과 함께 흉강의 외벽에도 확장과 수축을 일으킨다. 흉강이 확장되면 흉강이 외부보다 기압이 낮아져 바깥의 공기가 밀려들어와 들숨이 되고, 흉강이 수축하면 흉강에 압력이 높아지며 공기가 밀려나가 날숨이 된다.

늑간근은 늑골肋骨, 갈비뼈 사이를 연결하고 있는 근육으로 갈비뼈를 움직여 호흡을 도와준다. 안팎으로 외늑간근external intercostal muscles과 내늑간근internal intercostal muscles의 2층으로 되어 있다. 외늑간근은 늑골을 들어 올리는 기능을 통해 흉곽을 확장시킴으로써 들숨을 일으키고 내늑간근은 늑골을 끌어내려 흉곽을 수축시킴으로써 날숨을 일으킨다. 일반적으로 편안한 호흡에서 늑간근은 외늑간의 수축과 이완만 작용하고, 내늑간근은 의도적으로 날숨을 쉴 때만 작용한다.

횡격막은 가로막이라고도 한다. 횡격막은 펼쳐놓은 우산과 같은 모양을 하고 있으며 흉강과 복강, 즉 가슴과 배를 가로로 나누는 2mm 정도의 얇은 근육성막이다. 흉강과 복강을 구분하는 면이고 얇다는 점에서 막이라고는 하지만 엄연히 근육이며 신경지배를 통해 수축과 이완을 한다. 참고로 갈매기살이라고 하는 것은 가로막는 살이라는 의미의 '가로막이살'이 '갈막이살', '갈매기살' 등으로 변화된 것으로 횡격막을 말한다. 횡격막 근육의 수축은 횡격막을 아래로 끌어당김으로써 흉강을 확장시켜 들숨을 일으킨다. 횡격막의 수축은, 마치 주사기를 물에 넣고 주사기의 피스톤을 당기면 물이 빨려 들어오듯이, 공기의 유입을 가져온다. 횡격막이 이완하면 횡격막 자체의 탄성 외에 복근과 복부장기의 탄성에 의해 다시 원래의 위치로 올라가며 흉강을 수축시켜 날숨을 일으킨다. 날숨 때 의도적으로 배의 근육을 수축하게 되면 복부의 장기들이 밀려올라가며 횡격막을 더 밀어 올려 더 강한 날숨을 일으킬 수 있다.

이렇게 볼 때, 일반적인 편안한 호흡에서는 갈비뼈의 외늑간근과 횡격막의 수축에 의해 흉곽이 확장되면서 들숨이 이루어지고, 외늑간근과 횡격막의 이완에 의해 날숨이 이루어진다고 할 수 있다. 외늑간근과 횡격막의 수축과 이완은 뇌에 있는 호흡중추인 뇌교腦橋, pons와 연수延髓, medulla의 지배를 받는다. 호흡중추는 혈액 속의 이산화탄소량을 감지하여 그것에 따라 호흡근육의 수축과 이완을 일으킨다.

요약하면 호흡을 할 때 들숨에는 늑간근과 횡격막의 수축에 의해 가슴 부위가 확장하며 공기가 들어오고 배 부위는 횡격막의 하강과 복부 벽의 길항작용에 의해 압력이 높아지고 밖으로 확장이 일어난다. 날숨에는 늑간근와 횡격막의 이완에 의해 가슴 부위가 수축하며 공기가 밖으로 나가고 배 부위는 횡격막의 상승과 복부 벽의 탄성에 의해 압력이 낮아지고 다시 수축하게 된다. 따라서 우리는 가슴과 배에서 확장과 수축의 감각, 압력변화의 감각을 통해 호흡을 관찰할 수 있다.

호흡 방법: 흉식 호흡 vs. 복식 호흡

명상을 할 때 어떤 호흡이 좋은지 궁금해 하는 사람이 있다. 특히 흉식 호흡은 하면 안 되는지, 꼭 복식 호흡을 해야 하는지에 관한 질문이 많다. 위에서 봤듯이 호흡에는 가슴과 배가 함께 작용한다. 가슴으로만 호흡이 이루어지거나 배로만 호흡이 이루어지지는 않는다.

의도적으로 가슴에 있는 호흡근육을 더 많이 사용할 수도 있고 횡격막과 배를 더 많이 사용할 수도 있다. 그러나 명상을 할 때는 특별히 호흡 방법에 신경 쓰지 말고 몸에게 호흡을 맡기는 것이 좋다. 단전호흡이 좋다고 해도 지도자 없이 혼자 잘못 하면 건강에 해로울 수도 있다. 호흡 명상은 호흡 훈련이 아니고 주의 훈련이고 마음훈련이다. 마음이 편안해지면 가슴과 배가 모두 호흡에 참여하며 깊고 느린 호흡이 이루어진다. 다만 평소에 어깨에 힘이 들어가지 않도록 하고 어깨를 낮추는 습관을 들이면 깊고 편안한 호흡에 도움이 된다.

다시 강조하지만, 호흡에 있어서 몸을 믿고 몸에게 맡기면 몸이 알아서 건강한 호흡을 하게 된다. 이런 저런 스트레스로 호흡이 건강하지 못하고 불규칙하거나 얕고 짧아졌어도 가만히 믿고 관찰해주면 건강한 호흡으로 돌아온다. 다만 어떤 호흡도 있는 그대로 가만히 지켜봐주는 자세가 필요하다.

2. 명상을 위한 몸의 자세

바닥에 앉아서 해도 좋고 의자에 앉아서 해도 좋다. 버스나 지하철 안이라면 서서 해도 좋다. 잠에 빠질 염려가 없다면 누워서 해도 좋다. 그러나 일반적으로 명상연습은 앉아서 많이 하므로 아래에서는 앉은 자세를 중심으로 설명하도록 한다.

다리

바닥에 앉은 경우에는 일반적인 양반자세일명 아빠다리자세나 반가부좌로 앉는다. 양반자세는 두 다리를 자연스럽게 교차해서 앉는 방법이다. 반가부좌는 양반자세와 유사하게 두 다리를 교차해서 접되 한쪽 발을 아랫배 쪽으로 당겨놓고 그 다리의 허벅지나 종아리 위에 다른 쪽 발을 올리는 방법이다. 요즘은 버마식 좌법이라고 해서 반가부좌처럼 두 다리를 교차해서 접되 한 발을 아랫배 쪽으로 당겨놓고 다른 발을 접은 다리의 위가 아니라 그 앞으로 바짝 당겨 놓는 좌법을 따르기도 한다. 참고로 앉은 자세에서 다리가 많이 저리는 사람은 엉덩이 밑에 방석을 높게 깔면 다리 저림을 줄일 수 있다.

요즘은 바닥보다 의자에서 생활하는 경우가 많으므로 의자에 앉아서 명상하는 것도 좋다. 의자에 앉아서 명상을 할 때는 가급적 의자의 끝에 앉아 허리를 바르게 세우고 두 발은 바닥위에 편안하게 내려놓는다.

허리

허리는 적절하게 바르게 세운다. 그러나 허리를 너무 곧게 세워 몸이 긴장되지는 않도록 한다. 바닥이나 의자 끝에 허리를 세우고 앉아서 명상하는 경우 꾸준히 하다보면 차차 등과 배의 근육이 적응해서 바른 자세로 오래 앉을 수 있게 된다. 바닥에 앉아서 명상 하는 경우에 다리도 적응을 한다. 오래 앉아도 다리가 아프지 않게 된다.

명상의 초보자는 상식적으로 알고 있는 나쁜 자세만 아니라면 편안한 자세가 좋다. 적절하게 허리를 펴고 앉되 거북목 자세나 허리를 지나치게 웅크리거나 한쪽으로 기울인 자세만 피하면 된다.

명상을 시작 할 때는 등을 약간 굽힌 자세가 더 편하게 느껴질 수 있다. 그러면 그런 자세로 명상을 시작해도 좋다. 특히 허리를 곧게 편 자세에서 호흡이 불편하다면 약간 굽혀 호흡이 편하도록 한다. 허리를 약간 굽히고 시작해도 명상을 하면서 몸과 마음이 고요하고 호흡도 편안해지면 자연스럽게 등이 좀 더 펴지기도 한다. 그러면 그때는 그렇게 등을 좀 더 편 자세로 명상을 한다.

지하철에서 명상을 한다면 굳이 허리를 곧게 세우고 앉지 않아도 괜찮다. 허리가 약하거나 피곤할 때도 마찬가지다. 이런 때는 그냥 자연스럽게 의자에 등을 기대고 앉아 편안하게 호흡하며 명상하면 된다. 때로는 편안한 소파에 기댄 상태에서 그냥 명상을 해도 좋다. 다만 조금 길게 명상을 할 때는 자세가 너무 편하면 자칫 졸음에 빠질 수 있으니 이 점은 유념할 필요가 있다.

어깨와 얼굴

명상을 시작하기 전에 어깨의 힘을 툭 떨어뜨리고 얼굴도 편안하게 한다. 이렇게 하는 것이 뒤에 설명하는 '쉰다'의 마음 자세 갖춤을 도와준다. 특히 명상을 시작할 때 늘 이와 같은 자세를 반복하면 어깨의 힘을 빼고 얼굴을 편안하게 하는 것만으로도 '쉰다'의 마음 자세가 갖춰지는 조건화가 이루어진다.

동물이 적을 만나면 어깨를 잔뜩 올리고 몸집을 부풀려 상대에게 커 보이려고 한다. 어쩌면 스트레스를 경험할 때 우리 몸은 적을 만난 동물처럼 무의식적으로 어깨를 올리고 힘을 주고 있는지도 모른다. 어깨에 힘이 들어가면 배에는 힘이 빠져 있는 경우가 많다. 우리는 안정감을 느끼고 편안할 때 아랫배에 든든한 힘이 있다.

명상을 할 때는 어깨의 힘을 뺀다. 어깨의 힘을 빼는 것이 어려운 사람도 있다. 이런 경우 어깨를 으쓱 하며 귀까지 바짝 당겨 올리고 잠시 머물렀다가 툭 하고 힘을 빼면 어깨의 힘을 쉽게 뺄 수 있다. 가능하다면 어깨를 올렸을 때 양쪽 어깨뼈가 서로 조금 더 마주 보도록 한 다음에 힘을 빼면 가슴이 조금 더 펴져서 좋다.

얼굴을 편안하게 하기 위해서는 입술의 양쪽 끝에 남아 있는 긴장을 푼다. 그러면 입술의 양끝이 살짝 올라가게 된다. 아울러 미간의 힘을 풀고 눈매를 부드럽고 순하게 하면 얼굴이 편안해진다. 끝으로 턱을 살짝 당겨 뒷목이 펴지도록 한다.

명상을 하기 위해 집중한다고 긴장하다보면 자신도 모르게 명상만 하려고 하면 습관적으로 인상을 쓰는 얼굴이 될 수 있으니 유념하기 바란다.

손

손은 아래의 방법 중 편한 것을 취하면 된다.

- 양손을 손바닥을 아래로 해서 각각 양 무릎 위에 편안하게 내려놓는다.
- 양손을 손바닥을 위로 해서 각각 양 무릎 위에 편안하게

내려놓는다. 이때 엄지와 검지를 살짝 맞닿게 해도 좋다.

- 한 손으로 다른 손을 감싸고 편안하게 아래로 내려놓는다.
- 한 손을 손바닥을 위로 해서 편안하게 아래로 내려놓고 그 위에 다른 손을 손바닥을 위로해서 포갠 다음 양 엄지를 살짝 맞닿게 한다. 이 방법은 법계정인法界定印이라고 해서 전통적인 명상에서 많이 사용한다. 법계정인을 할 때는 왼 다리가 아래에 있으면 왼손을 아래에 두고, 오른 다리가 아래에 있으면 오른 손을 오래에 두고 포갠다. 어깨를 툭 떨어뜨리며 양쪽 어깨뼈 사이를 가깝게 한다는 기분으로 양쪽 쇄골을 조금 더 뒤로 보내듯이 하며 가슴을 펴고 (허리를 젖히고 가슴을 들어 올리며 가슴을 펴는 것이 아님.) 양손을 포개면 자연스럽게 양손의 엄지가 가볍게 맞닿게 된다.

몸을 온전히 맡김

누워있든, 앉아 있든, 서 있든 몸이 닿고 있는 접촉부위를 온전히 믿고 자신의 몸을 맡긴다. 마치 어린 아이가 엄마의 품에 안겨 있듯이 접촉하는 대상을 100% 신뢰하고 자신의 몸을 맡기는 것이다.

앉는 자세의 경우 바닥에 앉는다면 바닥에 닿는 엉덩이, 허벅지, 무릎에서 자신의 몸무게를 온전하게 느낀다. 달리 표현하면 접촉면에서 온전하게 중력을 느낀다. 이렇게 하면 마치 자신의 몸이 큰 산처럼 앉아 있는 느낌을 가질 수 있다.

등을 기대지 않고 의자에 앉아 있다면 발바닥과 엉덩이에서 온전하게 몸무게를 느낀다. 등을 기대고 의자에 앉아 있다면 발바닥, 엉덩이, 등에서 온전하게 몸무게를 느낀다.

우리는 알게 모르게 과도한 긴장을 하고 있는 경우가 많다. 이렇게 몸과 접촉하는 대상을 100% 신뢰한다는 자세로 몸을 맡기는 것은 이완에 도움이 된다.

처음부터 몸을 제대로 이완시키겠다는 과도한 욕심을 부리지 않도록 한다. 시작할 때는 몸이 다소 경직되고 편안한 자세가 아니더라고 명상을 하며 마음이 편안해지면 몸도 편안하게 재정렬 된다. 또 자꾸 훈련하면 몸을 이완하는 것이 좀 더 쉬워진다.

눈

눈은 감아도 되고 떠도 된다. 각자 편한 대로 한다. 눈을 감는 것이 산만하지 않고 집중에 도움이 돼서 좋으면 그렇게 한다. 그러나 눈을 감으면 불안하거나 졸음이 온다면 눈을 뜨고 한다. 눈은 뜨고 할 때는 시선을 부드럽게 아래로 해서 한 곳에 고정시키는 것이 좋다. 시선을 한 곳에 고정한다고 해도 마음의 눈은 주의집중의 대상(예: 호흡)에 보내지기 때문에 특별이 무엇을 보는 것은 아니다.

눈을 감고 명상하는 것은 이완과 집중에 도움을 줄 수 있다. 한편 평소에 우리는 눈을 뜨고 생활하기 때문에 눈을 뜨고 명상하는 것이 마음챙김을 일상생활에서 적용하는데 좀 더 유리할 수 있다. 눈을 뜨고 하는 명상의 또 다른 장점은 사무실이나 도서관 혹은 사람 많은 카페에서 명상할 때 다른 사람들의 시선을 의식할 필요가 없다는 것이다. 누가 봐도 그냥 앉아서 책을 보거나 일을 하거나 차를 마시는 것으로 보일 테니까.

눈을 감고 하는 것이 좋다고 감고만 하지 말고 또 눈을 뜨고 하는 것이 좋다고 뜨고만 하지 말고 섞어서 하는 것을 추천한다. 눈을 감고 하는 명상과 눈을 뜨고 하는 명상 모두에 편안하고 익숙해지면 좋다.

몸의 자세 요약

요컨대, 명상을 처음 시작할 때 지나치게 자세에 신경을 쓰게 된다면 주의를 분산시켜 명상훈련에 바람직하지 않으므로 처음에는 이완이 용이한 편안한 자세에서 명상할 것을 권한다. 몸이 편안하면 마음의 긴장도 풀린다. 물론 반대로 마음이 편안하면 몸의 긴장도 풀린다.

얼굴을 편안히 하고 어깨의 긴장을 툭 떨어뜨린다. 이것만으로 몸과 마음이 편안해질 수 있도록 조건화시킨다.

명상자세를 조건화시킨다. 파블로프Pavlov의 개가 종소리에 침을 흘리듯이, 아주 신 레몬을 생각하는 것만으로도 입에서 침이 고이듯이 명상을 하겠다는 의도를 갖는 것만으로도 명상의 자세를 갖출 수 있도록 반복해서 숙달한다.

가만히 주의를 배에 보내는 것만으로 마음챙김의 자세를 상기시킬 수 있도록 한다. 가만히 주의를 배에 보내는 것만으로 명상의 자세를 확립할 수 있도록 한다. 가만히 주의를 배에 보내는 것만으로 스스로 큰 산과 같은 자세의 느낌을 불러올 수 있게 한다. 마치 스위치 하나로 불을 끄고 켜듯이 문득 명상 모드로 들어갈 수 있도록 연습한다.

3. 명상을 위한 마음의 자세: 성성적적惺惺寂寂

적적寂寂

명상을 시작할 때 '쉰다'는 마음자세로 임한다. 명상을 잘하겠다는 마음도 내려놓고 오직 쉰다는 마음으로 명상을 한다. 명상을 잘하겠다는 마음은 몸과 마음에 긴장을 유발한다. 그저 쉰다는 마음으로 다만 명상의 대상에 주의를 보내고 그것을 유지한다.

몸도 쉬고 마음도 쉰다. 욕구-생각을 다 내려놓는다. 어떠한 할 일이나 걱정도 미래의 서랍에 넣어둔다. 어떠한 후회나 원망도 과거의 서랍에 넣어둔다.

나는 아무 것도 안 해도 된다. 호흡은 몸이 알아서 해준다. 나는 다만 쉬며 호흡만 구경하면 된다.

명상에서 뭔가를 맛보려고 하지 않는다. 특히 명상을 하며 좋은 체험을 했을 때 다음에 다시 그 체험을 느끼려고 하면 제대로 하는 명상이 아니다. 그저 잠시 쉰다는 태도로 한다.

성성惺惺

졸지 않고 분명하게 깨어있어야 한다. 매순간 호흡의 상태를 있는 그대로 관찰한다.

마음의 중얼거림을 멈추고 호흡감각에 집중하고 관찰한다. 호흡이 세상에서 가장 중요한 일인 것처럼 관찰한다. 매번의 들숨과 날숨의 감각을 마치 세상에서 하나뿐인 와인을 맛보듯이 음미한다.

명상에 조금씩 익숙해지면 집중명상에만 초점을 두기보다는 순수하게 바라보는 마음챙김에 초점을 두며 떨어져 보고 있음, 지금-여기에 살아있음, 깨어있음을 동시에 자각하며 '큰 나'에 머물도록 한다.

성성적적惺惺寂寂: 또렷하게 깨어있는 쉼

성성과 적적은 서로 돕는다. 주의집중의 대상에 집중할 때 다른 욕구-생각이 줄어든다. 욕구-생각이 줄면 쉬게 된다. 호흡감각에 온 마음을 다해 주의를 기울인다. 그러면서 동시에 '쉰다'의 마음으로 한다.

쉰다는 마음이되 또렷이 깨어있어야 한다. 쉰다에 욕구-생각을 내려놓고 또렷이 깨어있음에 감각을 풍부하게 경험하며 아울러 떨어져보는 자리를 느낀다.

4. 명상을 위한 몸과 마음의 자세: 종합

다음의 명상자세를 조건화시킨다. 파블로프의 개가 종소리에 침을 흘리듯이 명상을 하겠다는 의도를 갖는 것만으로도 다음과 같은 명상자세를 갖출 수 있도록 반복해서 숙달한다.

명상을 시작하기 전에 어깨의 힘을 툭 떨어뜨리고 얼굴을 편안하게 한다. 이렇게 하면서 '쉰다'와 '깨어있음'의 마음 자세를 떠올린다. 명상을 시작할 때 늘 이와 같은 몸의 자세와 '쉰다'와 '깨어있음'의 마음의 자세를 떠올리는 것을 반복하면 어깨의 힘을 빼고 얼굴을 편안하게 하는 것만으로도 '쉰다'와 '깨어있음'의 마음이 갖춰지는 조건화가 이루어진다. 혹은 반대로 '쉰다'와 '깨어있음'의 마음 자세를 떠올리는 것만으로도 얼굴이 편안하고 어깨의 힘이 빠지게 된다. 명상을 시작하기 전에 한숨을 쉬듯이 크게 숨을 들이쉬고 내쉰다. 그리고 살짝 미소 짓는다. 그리고 시작한다.

어떤 행위든 마찬가지지만 마음챙김 명상의 경우에도 시작할 때 임하는 자세는 중요하다. 적어도 임하는 자세가 습관이 될 때까지는 행위를 시작할 때 그 자세를 분명하게 되뇌는 것이 도움이 된다. 명상에 임하기 전에 미리 아래의 지침을 읽는 것도 좋다.

5. 호흡 마음챙김 명상 지침: 호흡감각에 중점 두기

아래에 호흡 마음챙김 명상의 실천과 관련해서 여러 가지 방식으로 도움 되는 지침을 기술했다. 표현은 다르지만 중복되는 내용도 있다. 호흡 마음챙김 명상은 내면적으로 이루어지는 과정이고 개인마다 특성이 다르기 때문에 여러 가지 방식으로 표현하면 그중에 어느 대목에서 수행방법의 감을 잡을 수 있을 것이다.

호흡 마음챙김 명상을 도와주는 멘트

내가 잘 때나 깨어있을 때나 내 몸은 호흡을 하며 나를 살아 있게 한다.

내가 기쁠 때나 슬플 때나, 고통스러울 때나 행복할 때나 내 몸은 말없이 호흡을 하며 나를 살아 있게 한다.

내 몸에 대해 감사와 경이로움을 느낀다.

이제 잠시 몸과 마음을 쉬며 감사와 경이의 마음으로 내 몸이 하는 호흡을 가만히 지켜보려고 한다.

편안한 자세로 앉아 어깨에 힘을 툭 떨어뜨리고 얼굴에는 가벼운 미소를 짓는다.

단지 그냥 존재한다.

단지 그저 지금-여기에 있다.

다만 깨어서 무심히 관찰한다.

지금-여기서 있는 그대로를 허용하면서.

들숨, 들이쉴 만큼 충분히 들이쉬도록 허용한다.

다만 지켜본다.

날숨, 내쉴 만큼 충분히 내쉬도록 허용한다.

다만 지켜본다.

호흡 감각에 집중한다.

호흡 감각에 집중하며 나의 경험을 바라본다. 자각한다.

호흡 마음챙김 명상 마치기

마칠 때는 마친다는 의도를 분명히 하고 한두 번 심호흡을 한 뒤 이렇게 자비慈悲 문장을 반복하고 마친다.

'내가 건강하고 평화롭고 행복하기를!'

'내 주변사람들이 건강하고 평화롭고 행복하기를!'

관찰하기 vs. 구경하기

관찰한다고 하면 너무 진지해질 수 있다.

그렇다면 그냥 구경한다고 생각해도 좋다.

쉰다는 마음으로 어디 한번 마음을 구경해 볼까, 하는 마음으로 마음챙김에 임한다.

쉬자.

일 모드mode에서 구경 모드mode로!

일하는 자리에서 구경하는 자리(쉬는 자리, 아무 것도 하지 않는 자리, 그러나 온전히 깨어있는 자리)로 이동!

일에 투입되던 에너지가 모두 아는 자리, 구경하는 자리로 이동!

호흡감각의 관찰 위치

호흡 마음챙김 명상에서 호흡감각은 어디서 관찰하나? 일반적으로 호흡감각은 콧구멍 또는 배에서 관찰한다. 명상 전통에 따라 콧구멍(또는 윗입술까지 포함해서 공기가 들고 나는 위치)에서 호흡감각을 관찰하기도 하고 배에서 관찰하기도 한다.

콧구멍에서 호흡감각을 관찰할 때는 공기가 스치는 촉감, 온도감각(들숨은 약간 차갑고 날숨은 약간 따뜻함), 습도(들숨은 약간 건조하고 날숨은 약간 촉촉함) 등의 감각을 경험하게 된다.

배에서 호흡감각을 관찰할 때는 배의 확장(들숨)과 수축(날숨), 배 안의 압력의 증가(들숨)와 감소(날숨) 등의 감각을 경험하게 된다.

요즘 명상을 지도할 때는 특별히 어느 한 곳을 고집하지는 않고 명상 수행자 개인의 선호에 맡기는 경우도 많다. 따라서 명상 수행자는 자신의 선호에 따라 콧구멍이나 배, 또는 가슴을 호흡감각의 관찰 위치로 삼는다. 경우에 따라서는 호흡감각을 느낄 수 있는 전체부위에서 호흡감각을 관찰하기도 한다.

이 책은 도입단계에서는 호흡을 느낄 수 있는 곳을 넓게 열어두고 관찰하는 방법을, 익숙해지면 주로 배를 중심으로 관찰하는 방법을 설명한다.

우리나라를 포함한 동북아시아에서는 배를 중심으로 하는 호흡법 수행의 전통이 강하며 단전이라고 불리는 아랫배를 기(혹은 에너지)의 중요한 센터로 간주한다. 특히 한의학에서는 기를 중시하는데 우리의 의식(혹은 주의)이 가는 곳에 기가 가며 기가 가는 곳에 혈이 간다고 본다. 따라서 배에 주의를 보내면 배에 기와 혈을 보내는 것이 되고 그곳에서 기혈의 흐름이 좋아진다. 배에는 우리 몸의 중요한 장기가 다 들어있으므로 배에 주의를 보내면 그곳의 장기들의 기혈 흐름이 좋아져서 건강에도 좋을 것이다.

배를 호흡감각의 위치로 한다고 해도 단전호흡수행처럼 호흡을 의도적으로 특정한 방식으로 하지는 않는다. 어디까지나 호흡은 몸이 알아서 자연스럽게 진행하도록 하고 다만 의식을 배에 두고 관찰하는 것이다.

호흡 관찰 시작

먼저 자세를 잡고 앉았으면 어깨를 툭 떨어뜨리고 얼굴표정을 편안하게 하며 몸과 마음을 편안하게 하면서 호흡 마음챙김 명상을 시작한다는 의도를 분명히 한다. 그리고 가만히 호흡에 주의를 보낸다. 필요하다면 두세 차례 심호흡을 하며 호흡을 고른 다음에 시작해도 좋다.

처음에는 느낄 수 있는 모든 호흡감각을 주의의 대상으로 삼아도 좋다. 코, 목, 가슴, 배 등 호흡을 느낄 수 있는 모든 부위에서의 감각들을 주의의 대상으로 삼는다. 그래야 호흡'감각'에 좀 더 주의를 집중할 수 있고 다른 생각의 방해를 덜 받게 된다.

익숙해지면 주의의 대상을 좁혀서 가슴과 배를 포함하는 몸통부위 전체를 호흡감각의 관찰위치로 삼는다. 조금 더 익숙해지면 주의의 대상을 조금 더 좁혀서 배에서 호흡감각을 관찰한다.

몸통에서 호흡감각을 관찰할 때는 몸통의 각 부위에 하나하나 주의를 보낸다. 몸통은 크게 가슴 부위와 배 부위로 나뉘진다. 가슴은 다시 앞면과 뒷면, 왼쪽 면과 오른쪽 면, 양쪽 옆면으로 나눌 수 있다. 배도 역시 앞면과 뒷면, 왼쪽 면과 오른쪽 면, 양쪽 옆구리로 나눌 수 있다. 배는 면적이 넓으므로 위와 아래로 더 세부적으로 나눌 수도 있다.

숨이 들어올 때 그리고 나갈 때 몸통 각 부위에서 어떤 감각이 느껴지는지 잘 관찰한다. 어느 한 부위에만 주의를 줄 필요는 없다. 주의가 호흡감각을 느끼는 것에서만 벗어나지 않으면 된다. 자유롭게 지금 이 순간 호흡이 가장 잘 느껴지는 부위가 어디인지, 각 부위에서의 호흡감각은 어떻게 다른지 등을 가만히 느껴본다.

숨이 들어올 때 각 부위와 그 부위의 안쪽에서 서서히 늘어나는 확장감각과 증가하는 압력감각, 숨이 나갈 때 서서히 줄어드는 수축감각과 감소하는 압력감각을 잘 관찰한다. 매 순간 변화하는 감각을 잘 주시한다.

이렇게 몸통에서의 호흡감각을 느끼다가 차차 주의를 보내는 범위를 배로 줄인다. 배의 표면에서 느껴지는 확장과 수축의 감각만이 아니라 배 안에서 느껴지는 압력의 변화를 잘 관찰한다.

호흡과 호흡 사이의 관찰

숨이 들어오고 나갈 때 잠시 멈추듯이 느껴지는 순간이 있다. 들숨이 다 들어오고 날숨으로 바뀌기 직전에 잠시 멈춤이 있다. 날숨이 다 나가고 들숨으로 바뀌기 직전에 잠시 멈춤이 있다. 이와 같은 호흡과 호흡 사이도 놓치지 않고 잘 마음챙김 한다.

호흡과 호흡 사이는 호흡자극이 미세해서 제대로 느끼기 어렵다. 따라서 호흡감각에 대한 주의를 놓치고 산만해지기 쉽다. 호흡과 호흡 사이를 놓치지 않고 주의를 집중하면 호흡의 미세한 감각을 느낄 수 있고 그렇게 되면 호흡과 호흡 사이도 놓치지 않게 된다.

호흡과 호흡 사이의 호흡감각을 놓치지 않으려면 들숨(날숨)이 끝날 때 언제 끝나고 날숨(들숨)으로 이어지는지 자세히 주시한다. 대체로 숨이 들어올 때 처음에는 약하다가 점차 강해지고 끝날 즈음에는 다시 약해진다. 들숨이 끝나갈 때 잠시지만 끝났는지 끝나지 않았는지 혹은 멈췄는지 분명하지 않은 시점이 있다. 그때도 배에서 느껴지는 압력의 감각을 놓치지 않도록 한다. 날숨도 마찬가지다. 날숨이 끝나갈 때 잠시지만 끝났는지 끝나지 않았는지 혹은 멈췄는지 분명하지 않은 시점이 있다. 그때도 배에서 느껴지는 미세한 감각을 놓치지 않도록 한다.

호흡의 깊이 관찰

호흡관찰의 위치를 어느 한 곳으로 고정시키면 호흡감각

을 한 곳에서 붙잡으려고 지나치게 애를 써서 갑갑해지는 사람들이 있다. 이런 사람들에게는 앞에서처럼 호흡감각을 몸통전체 여러 부위에서 자유롭게 느끼도록 하는 것이 도움이 된다. 한편 자유롭게 호흡감각을 관찰하도록 하면 호흡감각을 잘 찾지 못하고 산만해지는 사람들이 있다.

호흡감각의 관찰위치를 자유롭게 하면서도 조금 더 제한된 곳에서 호흡감각을 느낄 수 있는 방법으로 호흡의 깊이를 관찰하는 방법이 있다. 호흡의 깊이를 관찰하는 방법은 이렇다. 호흡이 몸에 일으키는 감각 중 압력감각을 주의집중의 대상으로 삼는데 처음에는 호흡의 깊이가 얕을 수 있지만 점차적으로 호흡의 깊이가 깊어지면 자연스럽게 몸통에서의 호흡감각 관찰위치가 변화하므로 호흡감각에 집중하는 것이 좀 더 쉬울 수 있다.

호흡의 깊이를 관찰한다.

지금 이 순간 내 몸이 하는 호흡의 깊이를 관찰한다.

호흡을 '관찰'하려는 것이지 '통제'하려는 것이 아니다.

통제는 그동안 많이 해왔다.

마음챙김을 통해 몸을 존중하고 몸의 소리에 귀를 기울이는 훈련을 하자.

호흡을 일부러 깊게 하려고 하지 않는다.

다만 들이쉴 때 충분히 들이쉬도록 허용하고, 내쉴 때 충분히 내쉬도록 허용한다.

숨을 들이쉴 때 들숨이 얼마나 깊은지 관찰한다.

숨이 어디까지 들어가는지 잘 관찰한다.

물론 공기는 폐까지만 들어간다.

그러나 숨을 들이쉴 때 흉곽이 확장하고 횡격막이 아래로 수축하면서 배로 압력이 전해지는데 그 압력의 느낌은 마치 숨이 배까지 들어가는 듯이 느껴진다.

숨이 들어올 때 압력이 몸에서 어떻게 나타나는지 잘 관찰한다.

숨이 어디서 잘 느껴지는지 관찰한다.

처음에는 숨이 가슴 위에서만 느껴질지 모르지만 차차 몸과 마음이 이완되면서 숨이 복부에서도 느껴진다.

중요한 것은 숨을 억지로 깊게 쉬려고 해서는 안 된다는 것이다.

다만 관찰할 뿐이다.

몸을 존중하고

호흡을 가만히 따라가며

몸이 하는 호흡행위를 가만히 지켜본다.

숨이 들어올 때 잘 관찰한다.

가슴이 팽창하는 느낌.

가슴 흉곽의 양옆이 늘어나는 느낌.

가슴 흉곽이 앞뒤로 확장하는 느낌.

가슴 안쪽에서 압력이 늘어나는 느낌.

흉곽의 아래쪽이 양옆으로 팽창하는 느낌.

배 안쪽에서 압력이 증가하는 느낌.

배의 양 옆구리가 늘어나는 느낌.

배의 뒷면인 등과 허리가 밖으로 확장되는 느낌.

아랫배에서 압력이 늘어나는 느낌.

어떤 감각이든 간여하지 않고 단지 있는 그대로 온전히 느끼고 관찰하도록 한다.

숨이 나갈 때도 몸에서 느껴지던 압력이 어떻게 줄어들어가는지 매순간의 변화를 놓치지 않고 잘 느끼며 관찰한다.

숨이 답답하다면

숨이 답답하다면

좋은 공부를 할 기회가 왔다고 여긴다.

있는 그대로 받아들이며 지켜보는 마음챙김을 숙달할 수 있는 좋은 기회가 온 것이다.

벗어나려고 애쓰지 말라.

그럴수록 더 답답해질 뿐이다.

가만히 지금의 답답함을 잘 관찰한다.

어떻게 답답한지 있는 그대로 빠짐없이 지켜본다.

숨이 답답하다면

좋은 공부를 할 기회가 왔다고 여긴다.

몸을 존중하고 신뢰하고 지켜보는 마음챙김을 배울 수 있는 좋은 기회가 온 것이다.

답답함이 느껴지는 부위에 주의를 고정시키고 잘 바라본다.

가능하다면 약간의 호기심을 가지고 잘 관찰한다.

지금의 현상에 매몰되지 않고

지금의 현상에 저항하지 않고

떨어져서 바라보는 마음챙김을 익힐 수 있는 좋은 기회가 온 것이다.

답답함이 느껴지는 부위에 주의를 고정시키고 잘 관찰한다.

가능하다면 답답해하는 나를 따뜻하게 감싸주며 지켜본다.

호흡을 통제하지 않는다

호흡 마음챙김 명상에서 핵심은 행위가 아니라 관찰이다. 호흡은 몸이 한다. 나는 단지 몸이 하는 호흡을 관찰할 뿐이다.

복식호흡이나 단전호흡이 좋다고 일부러 배나 아랫배를 이용해서 호흡하려고 하지 않는다. 깊고 느린 호흡이 좋다고 의도적으로 호흡을 깊고 느리게 하지 않는다. 그저 몸이 하는 호흡을 관찰할 뿐이다.

바닷가에 밀려오고 밀려가는 파도를 바라볼 때 파도가 빠르든 늦든, 높든 낮든 관여하지 않고 단지 바라보는 것처럼 그렇게 호흡을 바라본다.

명상을 시작할 때 호흡이 불규칙하거나 얕거나 빠르다고,

혹은 좀 불편하다고 일부러 호흡을 편안하게 하려고 하지 않는다. 다만 가만히 지켜봐준다. 몸이 알아서 호흡을 조정할 수 있도록 간섭하지 않고 기다려준다.

몸과 마음의 컨디션에 따라 호흡 마음챙김 명상이 잘 될 때도 있고 안 될 때도 있다. 그런데 잘 될 때의 기억으로 지금의 잘 안 되는 상태를 바라보고 윽박지르면 호흡 마음챙김 명상은 제대로 될 수 없다. '역경계도 아미타불 순경계도 아미타불'이라는 말이 있다. 잘될 때도 있는 그대로 관찰하고 잘 안 될 때도 있는 그대로 관찰한다.

얕으면 얕은 대로 '얕구나.' 하고 가만히 관찰한다. 일부러 깊게 쉬려고 하지 않는다. 그럴만한 이유가 있겠지. 몸이 지금 얕은 호흡을 하는구나. 또 짧으면 짧은 대로 '짧구나.' 하고 가만히 관찰한다. 그럴만한 이유가 있겠지. 몸이 지금 짧은 호흡을 하는구나. 호흡이 깊고 길면 깊고 긴 대로 관찰하고 호흡이 깊고 긴 줄 알면 된다. 기본적으로 호흡을 몸에게 맡긴다. 나는 다만 내 몸이 하는 호흡을 관찰할 뿐이다. 호흡이 스스로 자리를 잡도록 가만히 기다리며 지켜본다.

이렇게 가만히 호흡에 주의를 기울이다보면 호흡감각이 좀 더 분명하게 느껴지고 그럴수록 이런 저런 생각들이 줄어들면서 마음이 편안해지고 결과적으로 호흡이 깊고 느려지며 규칙적으로 된다.

그냥 바라보라고 해도 그렇게 하지 못하고 종종 이렇게 저렇게 호흡에 통제를 가한다. 연습이 필요하다. 이 과정에서 내려놓는 기술이 증진된다. 그냥 관찰하다보면 호흡이 자연스럽게 느려지고 깊어진다. 마치 말미잘의 촉수처럼 건드리면 오히려 들어간다.

호흡의 관찰은 나의 관찰이다. 내 마음의 관찰이다. 호흡은 내 마음을 반영한다. 호흡의 관찰은 내 마음의 관찰이다.

받아들임

호흡감각은 내가 만들어낼 필요가 없다.

그냥 만들어진다.

늘 만들어지고 있다.

호흡을 변화시킬 필요도 없다.

나는 단지 몸이 만들어내는 그 호흡감각을 가만히 바라보면 된다.

감독과 배우들이 만든 영화를 보듯이 구경하면 된다.

미켈란젤로가 만든 다비드상을 보듯이 감상하면 된다.

내가 할 일이 없다.

나는 단지 바라볼 뿐이다.

단지 몸에서 느껴지는 숨이 들어오고 나가는 느낌을 알아차린다.

단지 그것들이 무엇인지만 알아차리고 음미하면 된다.

경청

대화할 때 상대의 말을 경청한다면 상대에게만 주의를 기울이고 다른 것에는 주의를 주지 않을 것이다. 아무리 아름다운 여성 혹은 멋진 남성이 지나가도 주의가 흔들리지 않을 정도로 상대의 얘기에 모든 주의를 보낸다. 호흡 마음챙김을 할 때는 배를 경청한다. 배에게만 모든 주의를 기울인다. 배가 지금 뭐라고 말하는지 모든 주의를 기울여 경청한다. 호흡을 하며 시시각각 변화하는 배에서의 감각에 주의를 보낸다. 좋아하는 이성을 만날 때처럼 그 이성의 일거수일투족을 놓치지 않고 주시한다. 그렇게 주의를 보내면 그 상대로부터 사랑의 보상을 받게 되듯이 배의 감각에 경청의 주의를 보내면 평화로움이라는 보상을 얻게 된다.

호기심: 이게 뭐지?!

호흡감각에 대한 관찰을 초등학생 숙제하듯, 대학생 과제하듯 하지 않는다. 마치 지구에 처음 온 외계인이 지구인을 관찰하듯이 약간의 호기심을 가지고 호흡을 관찰한다. 배에서 느껴지는 호흡감각을 그 감각이 그 감각인 것처럼 대하지 않는다. 늘 처음 대하는 것처럼 한다. '이게 뭐지?!' 하는 자세로 대한다.

힘 빼기

호흡감각을 순수하게 바라보기 위해서는 마음에 힘을 빼야 한다. 호흡을 관찰할 때 '호흡에 대해서 알아내고야 말겠다.'는 자세로 호흡을 관찰한다면 유위有爲다. 마음에 힘이 들어간 상태다. 단지 깨어 무심히 호흡을 관찰한다면 무위無爲다. 마음에 힘이 빠진 상태다. 유위에서는 나의 욕구가 깊이 개입하고 있다. 욕구가 뻗어나가 대상에 '붙어'있다. 무위에서는 나의 욕구가 발동하지 않고 있다. 대상과 떨어져있는 상태에서 본다. 마치 하늘의 구름을 관찰하겠다는 자세로 구름을 보는 것이 아니라, 잔디밭에 누워 그냥 무심히 바라보는 것이다. 호흡감각에 분명히 주의를 기울여야 하지만 그 주의는 순수한 주의여야 한다.

즐긴다

매 순간의 숨을 즐긴다. 숨을 충분히 들이쉬며 즐긴다. 숨을 들이쉬며 몸을 느낀다. 숨을 들이쉬며 몸의 변화를 즐긴다. 날숨도 마찬가지! 잘 집중할수록 더 잘 느껴지고 더 잘 느껴질수록 호흡은 점점 더 깊어지고 느려진다. 더불어 마음은 더욱 평화로워지고 심지어 달콤해지기도 한다. 그럴수록 호흡감각에 대한 주의는 더욱 강해진다.

음미한다

마치 맛있는 음식을 한 입 가득 입에 넣고 오물오물 천천히 씹으며 맛을 음미하듯이 들숨과 날숨으로 확장과 수축을 반복하는 배에서 숨의 맛을 음미한다. 처음에는 별로 맛이 없는 것 같던 밥도 자꾸 씹으면 단맛이 난다. 배 안에는 우리가 평소에 모르던 특수한 기운의 원료가 있어서 들숨과 날숨의 호흡으로 배가 확장과 수축을 반복하면 에너지가 충전되고 단맛이 난다. 그래서인지 가만히 호흡 마음챙김 명상을 하다보면 입안에 단침이 고이고 밝고 따뜻한 기운이 만들어지듯 감은 눈앞이 밝아지고 배와 손발이 따뜻해진다.

몸을 신뢰한다

호흡이 불편할 때 피하지 말라.
그래도 지켜보라.
고치려고 하지 말라.
받아들이고 가만히 바라보라.
몸을 신뢰해라.
몸을 믿어라.
몸이 스스로 불편함을 고쳐갈 것이다.
저항하지 말라.
피하려고 하지 말라.
미워하지 말라.
그저 가만히 받아들이고 지켜봐라.
몸이 알아서 하도록 지켜본다.
가만히 바라봄을 통해 몸에게 무언의 지지를 보낸다.
사실 그냥 보는 것이 아니다. 가만히 무언의 지지를 보내고 있는 것이다. 보이지 않는 에너지를 보내고 있는 것이다.
신뢰의 에너지를 보내는 것이다.

몸에게 맡긴다

네가 알아서 해라.
나는 다만 구경할게.
100% 관심
100% 존중
100% 집중

몸에 대한 존중. 열려있음. 받아들임. 몸이 어떤 상태에 있든지 받아들임. 통제하지 않음. 있는 그대로 지켜보는 태도의 양성. 받아들임, 존중, 신뢰. 몸과 친해짐. 호흡과 친해짐.

중계방송: 명칭부여

호흡의 각 상태를 속으로 명칭부여를 하면 호흡에 대한 집중을 높여줄 수 있다. 들숨을 쉬고 있을 때는 속으로 '들숨-'

혹은 '드-'라고 한다. 날숨을 쉬고 있을 때는 속으로 '날숨-' 혹은 '나-'라고 한다.

영점-나Zero-I

명상으로 뭔가를 맛보겠다는 욕구-생각은 내려놓는다.

단지 앉아 있고 호흡하고 깨어있고 살아있는 나를 만나고 느낀다.

그뿐이다.

그 느낌.

이때 느껴지는 본연의 만족감.

모자랄 것도 더 채울 것도 없는 지금 이대로의 나의 충만한 느낌이 느껴진다.

그 나와 접속하고 있다.

삶의 에너지를 충전하고 있다.

현대인은 지나칠 정도로 강한 자극에 노출되고 있다. 맛있는 음식, 재미있는 영화와 드라마, 한번 시작하면 시간 가는 줄 모르게 하는 게임들이 사방에 포진하고 있다. 문제는 강한 자극에 노출되며 우리의 감각역치는 그만큼 높아져서 더 강한 자극이 들어오지 않으면 즐거움을 경험할 수 없다.

강한 자극들의 융단폭격으로부터 스스로를 안전하게 보호하는 것이 필요하다. 자신의 감각이 강한 자극들에 길들여지지 않도록, 호흡 마음챙김 명상을 통해 섬세한 감수성을 유지하고 기를 수 있도록 한다.

6. 호흡 마음챙김 명상 지침: 마음챙김에 중점 두기

앞에서는 집중명상 중심의 호흡 마음챙김 명상을 설명했다고 할 수 있다. 앞에서 설명한 방식에 떨어져 관찰하는 마음챙김도 함께 하도록 한다. 호흡의 관찰은 몸에 대한 관찰의 출발이고 나에 대한 관찰의 출발이다. 몸과 마음의 객관적 관찰의 출발이고 몸과 마음의 객관화의 출발이다.

호흡감각의 경험을 떨어져서 본다. 의식의 공간 속의 사건으로 느낀다. 내 몸의 상태와 몸이 하는 호흡행위도 가만히 바라보고 자각한다. 이와 같이 호흡 감각에 대한 미시적 마음챙김뿐만 아니라 내 몸이 어떤 상태에 있고 무엇을 하고 있는지에 대한 거시적 마음챙김도 함께 한다.

익숙해지면 호흡 마음챙김 명상 상태에서 경험되는 정서도 가만히 느껴보며 바라본다. 호흡감각에 집중할 때 특별히 생각이나 욕구가 나타나지 않아도 마음에는 어떤 정서든 늘 존재한다. 호흡감각에 주의를 기울이면서 마음이 편안해지고 고요한 기쁨을 느낄 수 있다. 그러면 그러한 정서에 주의를 주며 마음의 공간에 그러한 정서가 있음을, 그러한 정서를 느끼고 있음을 자각한다.

깨어있음의 자각

'여기 몸이 있다.'

'여기 몸이 호흡을 하고 있다.'

'들숨.'

'날숨.'

'숨을 쉬고 있구나.'

'앉아있구나.'

'깨어있구나.'

깨어있음의 자각, 그 느낌, 깨어있음으로서의 나를 잘 느껴본다.

'살아있구나.'

살아있음의 자각, 그 느낌, 살아있음으로서의 나를 잘 느껴본다.

영점-나 상태에서 나를 가만히 관찰하면 온전한 만족감이 느껴진다.

더 바랄 것이 없다.

단지 이렇게 살아있음을 온전히 깊이 경험한다.

단지 이렇게 깨어 의식함으로서의 나를 온전히 느낀다.

배 안의 파도 1

들숨과 날숨으로 배 안에서 일어나는 호흡의 파도를 관찰한다.

바닷가에 가본 사람이라면 해변에 파도가 밀려오고 밀려가는 것을 봤을 것이다.

결코 쉼 없이 파도가 밀려오고 밀려간다.

해변에 밀려오고 밀려가는 파도를 가만히 바라보는 것도 마음을 편안하게 한다.

이런 파도가 우리 몸에서도 늘 일어난다.

바닷가 파도처럼 우리 몸에는 들숨과 날숨이 끊임없이 이루어진다.

우리가 살아있는 한 호흡은 잠을 잘 때도 쉬지 않는다.

숨이 들어오고 나감에 따라 배의 압력은 늘어나고 줄어들고를 반복한다. 마치 해안가의 파도가 밀려오고 밀려가는 것처럼.

가만히 마음을 쉬고 배를 바라보자.

해변에서 파도를 바라보듯이 마음의 눈으로 나의 배를 바라보자.

끊임없이 확장하고 수축하는 배의 크기.

끊임없이 늘어나고 줄어드는 배의 압력.

그뿐.

그뿐이다.

늘어나고 줄어들고

늘어나고 줄어들고

늘어나고 줄어들고

다만 깨어서 관찰할 뿐이다.

이것이 나의 호흡이다.

이것이 내 몸이다.

이것이 나다.

배 안의 파도 2

파도는 고요할 때도 있고 거칠 때도 있다.

바람이 없는 날 차분하게 밀려오고 밀려가는 파도를 있는 그대로 바라본다.

비바람이 치는 날 거칠게 밀려오고 밀려가는 파도를 있는 그대로 바라본다.

내가 할 수 있는 일은 없다.

다만 가만히 바라볼 뿐.

배 안의 파도도 고요할 때가 있고 거칠 때가 있다.

호흡이 고요하든 거칠든 다만 있는 그대로 바라본다.

바닷가의 파도와 배 안의 파도는 한 가지 점에서 다르다.

바닷가의 파도와는 달리 배 안의 파도는 가만히 지켜보면 잔잔해진다.

특히 화가 많이 나서 마음이 화로 가득 차 있을 때

마치 바닷가에 가서 뜨거운 마음을 식히듯이

뱃속의 호흡 파도에 가만히 마음을 모아본다.

들숨, 날숨의 호흡 파도와 함께 마음의 화를 식혀본다.

호흡도 바라보고 감정도 바라본다.
이것이 지금 몸에서 느껴지는 호흡감각이다.
이것이 지금 몸에서 관찰되는 감정이다.
하늘이 되어 구름을 보듯 가만히 떨어져서 바라본다.

호흡의 객관화, 몸의 객관화

기본적으로 마음챙김은 나를 객체화, 대상화하며 바라보는 것이다. 나의 몸이 지금 무엇을 하고 있나, 어떤 상태인가, 나의 마음이 무엇을 하고 있나, 어떤 상태인가를 관찰한다. 불편부당不偏不黨한 마음으로 바라본다. 다른 사람에 대해서도 마찬가지다.

마치 다른 사람의 몸에서 호흡을 관찰하듯이 한다. 지극한 인내심으로 또 호기심으로 매순간 몸이, 배가 어떤 상태인지, 몸이 어떻게 숨을 들이쉬고 내쉬는지를 가만히 지켜본다.

이런 저런 생각에 빠져 있다가 문득 호흡감각을 놓치고 있음을 알아차리고 다시 호흡으로 돌아온다. 여전히 몸은 호흡을 하고 있다! 성실하게 보나 안 보나 관계없이 몸은 성실하게 호흡을 하고 있다! 고맙고 기특하다. 몸을 객체화하여, 대상화하여 가만히 지켜본다. 이것이 몸이다. 여기 몸이 있다.

몸을 존중한다

나를 객체화, 대상화함에는 존중이 포함된다. 나의 몸, 나의 마음을 마치 바깥의 대상처럼 대하되 그 대상에 대한 존중과 관심을 보낸다. 그 대상과 친밀해진다.

호흡 마음챙김 명상을 할 때는 몸, 몸이 하는 호흡을 대상화하면서 그것에 대한 존중이 수반된다. 이럴 때 마음챙김이 제대로 적용된다.

생각의 객체화, 대상화

문득 자전거로 달리던 중랑천 자전거 도로의 풍광이 몇 장면 떠오른다.

왜 떠올랐을까?

모른다.

누가 떠올렸을까?

모른다.

마음에 그저 떠올랐다.

복도를 지나가는 사람의 구두 발자국 소리가 내 귀를 통해 마음에 들어온 것처럼.

누가 걸어가며 내는 소리일까?

모른다.

마음에 그저 들어왔다.

바깥 소리처럼 내 마음의 생각도 나타나고 사라진다.

이와 같이 생각이 오고 간다.

이것이 생각이다.

이것이 내 마음이다.

중계방송: 마음챙김을 도와주는 주문

'들숨'

'날숨'

'앉아있음'

'배'

'지금 뭐해?'

'이게 뭐지?!'

이 단어들을 마치 주문처럼 간간이 반복하며 배에 주의를 보내며 그곳에서의 호흡감각을 느끼고 이 과정을 떨어져볼 수 있도록 한다.

지금-여기서 무엇을 하고 있나?!

호흡을 하며 앉아 있다.

다른 욕구-생각 없이 자신이 지금-여기서 호흡하며 앉아 있음을 100% 온전히 경험한다.

뿐

여기 이렇게 앉아 있을 뿐.

숨을 쉬고 있을 뿐.

여기 이렇게 몸이 있고

이렇게 들숨이 들어오며 몸이 이렇게 움직이며 이런 감각이 느껴지고

이렇게 숨이 멈춘 듯 하다가 이렇게 날숨이 나가고 몸이 이렇게 움직이며 이런 감각이 느껴지고

이렇게 숨이 멈춘 듯 하다가 이렇게 들숨이 들어오고 몸이 이렇게 움직이며 이런 감각이 느껴지고

그 이상도 그 이하도 아니다.

단지 여기 있을 뿐.

호흡을 할 뿐.

깨어있을 뿐.

깨어서 지켜볼 뿐.

이 뿐이다.

무엇을 해야 한다는 생각도 내려놓는다.

과거에 대한 후회도 내려놓는다.

나는 아무 할일 없는 사람이다.

적어도 명상시간동안은 아무 할일 없는 사람이다.

명상시간동안은 마치 무심도인無心道人처럼 앉아있을 뿐이다.

그냥 이렇게 앉아 있을 뿐.

숨 쉬고 있을 뿐.

이렇게 반복하며 '무심도인의 나'가 양성된다.

언제든지 원할 때는 이런 나를 불러낼 수 있도록 한다.

아울러 '고요히 놓치지 않고 바라보는 나'도 양성된다.

그냥 앉아있을 뿐이다. 다만 또렷이 깨어 앉아있음을 온전히 자각한다. 동시에 깨어있음의 순수한 의식을 자각하며 존재한다.

내가 여기 있구나.

자족의 상태.

무슨 할 일이 있겠지.

스펙도 쌓아야 하고 직장에 들어가야 한다는 걱정도 하고…

그래도 명상시간 5분 동안은 모든 할 일로부터 벗어나 온전히 순수한 나로 존재할 수 있는 권리를 갖는다.

후회스러운 일도 있겠지.

그러지 말았어야 했는데 왜 그랬을까, 하는 안타까움과 자책도 하고…

그래도 명상시간 5분 동안은 모든 후회로부터 벗어나 온전히 순수한 나로 존재할 수 있는 권리를 갖는다.

원망할 일도 있겠지.

미운 사람, 서운하고 섭섭한 사람, 그들이 한 행동, 해주지 않는 행동이 떠오르겠지.

그래도 명상시간 5분 동안은 미움과 원망으로 보내기에는 아까운 시간이다.

모든 미움과 원망을 내려놓고 온전히 순수한 나로 존재할 수 있는 소중한 시간을 갖는다.

그 어떤 생각이든
명상시간 5분 동안은
나를 방해하도록 허용하지 않겠다.
그렇다고 싸우지는 않는다.
생각하지 않으려고도 하지 않는다.
다만 어떤 생각이든 나타나더라도 관여하지 않을 뿐이다.

내 할일 할 뿐이다. 호흡을 관찰할 뿐이다. 호흡을 관찰하며 깨어있을 뿐이다.

지켜볼 뿐이다. 특별히 관찰의 대상을 정하지 않고 무엇이든지 깨어서 지켜볼 뿐이다.

일상생활에서도 이러한 자세로 산다!

일할 때는 일할 뿐.

어떠한 다른 생각의 방해도 허용하지 않는다.

7. 호흡 마음챙김 명상을 위한 도움말

명상 시간

명상 시간을 길게 잡을 필요는 없다. 처음에는 너무 오래 연습하지 않는다. 중요한 것은 한 번을 해도 집중해서 제대로 하는 것이다. 1분, 2분도 좋다. 호흡을 통제하지 않으면서 온전히 깨어 들숨과 날숨을 놓치지 않고 바라볼 수 있도록 한다.

처음에는 5분 정도 타이머로 시간을 맞추고 명상을 한다. 타이머 소리에 아쉬운 마음이 들면 조금씩 늘려본다. 명상 시간은 한번에 20분 정도면 좋다. 때로 휴일처럼 시간이 많은 날은 타이머 없이 하고 싶은 만큼 해도 좋다.

소음과 잡념 다스리기

명상을 시작했는데 주변의 소리가 들린다면 그냥 들려도

좋다는 태도를 취한다. 안 들으려고 하면 오히려 더 들린다. 들리는 구나, 하고 그냥 호흡에, 배에 좀 더 주의를 보내도록 한다. 그러거나 말거나, 하고 그냥 호흡에, 배에 좀 더 주의를 보내도록 한다.

이런 저런 생각이나 욕구가 떠오르더라도 상관하지 않는다. 안 들으려고 하거나 억누르려고 하지 않는다. 다만 어떤 생각과 욕구가 올라왔는지 알아차리고 그냥 그러거나 말거나 내버려둔다. 오직 몸통에서 느껴지는 호흡감각에 조금 더 주의를 보낸다.

완벽주의를 내려놓음

명상을 100% 잘하겠다는 완벽주의, 과도한 욕구를 내려놓는다. 100% 호흡에만 집중해야 한다는 강박이나 완벽주의를 내려놓고 50% 든 60% 든 보낼 수 있을 만큼의 주의를 호흡에 보낸다.

완벽주의에 빠지지 않도록 한다. 완벽하게 집중하려고 할수록 외부소음이나 잡생각에 더욱 붙잡히게 된다. 사실은 붙잡힌다기보다는 스스로 붙잡는다. 그들을 밀어내려고 하지 않고 그냥 내버려둔다. 마음의 공간에 있고 싶으면 있도록 허용한다.

명상을 완벽하게 잘하겠다는 욕구가 오려고 명상에 대한 집중도를 더욱 떨어뜨린다. 완벽의 욕구로 인해 주변의 소음이나 내면의 생각과 싸우게 되면 지금 보유하고 있는 60%의 주의도 그 싸움에 소모하게 되어 명상에 동원할 수 있는 주의의 양은 더욱 적어지게 된다. 앞에서 다룬 정신역설효과를 상기하기 바란다.

주변에 소음이 있어도 괜찮다. 이런 저런 걱정이 자꾸 떠올라도 괜찮다. 40%, 아니 60% 정도의 주의를 주변의 소리나, 내면의 이런 저런 생각에 뺏긴다고 해도 그냥 내버려 두어라. 그것을 모두 되찾아 오려고 싸우지 말라. 그것들에 저항하지 말라. 그것들을 억압하거나 그것들의 원인에 대해 원망하지 말라. 그저 지금 가능한 40%, 명상의 대상에 주어지고 있는 40%의 주의를 소중하게 여기고 감사하게 생각하고 그 40%로 명상에 임한다. 그러면 그 40%가 차차 50%, 60%로 증가한다.[5]

---

5 이러한 자세는 일상생활에서 공부나 일에 집중하려고 할 때도 유용하게 적용할 수 있다.

강박적 사고나 행동이 방해적으로 작용한다면 그것을 인정하고 수용하며 명상대상에 좀 더 주의를 보낸다. 혹은 그것을 오히려 명상의 대상으로 삼고 호기심을 가지고 지켜본다. 강박적 사고나 행동의 불편함을 인정하고 받아들인다. 그들에게 있어도 좋다고 허용한다. 이렇게 수행하다보면 오히려 그들이 수행의 장애가 아니라 수행을 깊게 해주는 수행의 원군이 된다. 행동으로 옮기지는 않으면서 고요히 지켜본다. 행동으로 옮기지 않아도 된다. 그 불편함을 받아들이며 지긋이 지켜본다. 그 불편함을 받아들이며 내려놓고(거기 있어도 좋다.) 명상의 대상에 주의를 보낸다.

물에 빠졌다고 허우적거리면 더 가라앉게 되고 힘이 빠져 익사하게 된다. 100% 물 밖에 있겠다는 욕구-생각만 내려놓으면 물에서 더 오래 살아있을 수 있다. 10초에 한 번씩만 고개를 물 밖으로 내놓겠다고 생각하고 몸에 힘을 뺀다. 그러면 등이 수면에 닿고 고개, 팔, 다리는 바닥을 향하는 형태(일명 해파리 자세)로 몸이 만들어지고 힘은 전혀 들어가지 않는다. 다만 숨을 쉬기 위해 10초에 한 번 정도 손으로 물을 바닥 방향으로 밀면 고개가 올라와 물 밖에서 숨을 한 번 쉴 수 있다. 그 다음에는 곧바로 힘을 빼고 해파리 자세로 돌아간다. 이렇게 하면 오랫동안 숨을 쉬며 물에서 떠있을 수 있다. 이것은 물을 받아들이고 물과 친해지는 과정이라고 할 수 있다.

마음은 사회와 같다. 지나치게 완벽을 추구해 100%를 원하다보면 오히려 50%도 얻지 못할 수 있다. 이념이나 종교를 어느 하나로 통일하려는 의도가 너무 강하면 오히려 반발이 일어나 사회적 혼란이 가중된다. 보수적인 이념이 강하다고 해도 진보적 정당 하나 정도는 숨을 쉴 수 있게 해주는 사회가 건강한 사회다.

let-it-be

그것이 외부 소음이든, 생각, 감정, 호흡과 관련 없는 감각이든 어떤 것도 억압하거나 제거하려고 할 필요 없다. 붙잡고 싸우지 않는다. 호흡 마음챙김 명상을 통해 함께 싸우지 않는 기술, 다투지 않는 기술을 양성한다. '그러거나 말거나'의 태도로 내버려두고let-it-be 흘러가게 놓아버리는let-it-go 기술을 양성한다. 붙잡고 싸우면 흐르지 못하게 막는 것이다. 자꾸 감정불의 연료를 공급하는 것이다. '응, 그래.' 하고 내버려둔다.

호흡감각에만 집중하고 싶다는 욕구가 너무 강하면 역설

적으로 다른 감각들, 생각이나 욕구 등에 대해 더 집착하게 된다. 밖에서 소리가 나지 않았으면 좋겠고, 소리가 나면 그 소리를 듣지 말아야겠다고 강하게 바라게 된다. 그러면 소리에 더 잡히게 된다. 안 들으려고 하면 할수록 더욱 더 크게 들리게 된다. 밖에서 나는 소리든 안에서 나는 소리(욕구, 생각 등)든 그냥 내버려둔다. 다만 호흡에 좀 더 주의를 보내도록 한다.

호흡에 좀 더 집중하면 외부 소리가 들리지 않게 된다고 하니 호흡에 좀 더 집중하겠다는 것은 적절한 태도가 아니다. let-it-be의 태도가 아니다. 그런 태도를 갖고 있으면 호흡감각에 집중하다가도 집중이 잘 되어 외부소리가 들리지 않게 되면 진짜 외부소리가 들리지 않는지 확인하게 되고 그러면 다시 소리가 들리게 된다. 외부소리가 들려도 괜찮다. 그래도 마음은 편안할 수 있다. 호흡감각에 집중하면서 외부소리가 들려도 괜찮다. 그래도 마음은 편안할 수 있다. '그러거나 말거나' 그저 호흡 감각에 좀 더 주의를 줄 뿐이다.

이 부분은 매우 중요하다. 매우 중요한 기술을 숙달하고 있는 중이다! 일상생활에서 우리는 정신역설효과로 어려움을 겪는 경우가 많다. 그냥 내버려두면 될 일을 싫어하고 미워해서 결과적으로 마음에서 그것들로부터 더욱 강하게 영향을 받게 된다. 이렇게 호흡 명상을 통해 주의를 두지 않아야 할 것들을 어떻게 다루어야 하는지를 배우게 된다. 이것은 'let-it-be'의 기술이고 'let-it-go'의 기술이다.

쿨cool하게 돌아옴

호흡감각에 주의를 기울이고 있다가 어느덧 다른 생각에 빠지게 되기도 한다. 그러다가 문득 알아차렸을 때 스스로를 비난하지 말고 그저 호흡으로 돌아온다.

이런 일은 흔히 있는 일이다. 비난할 일이 아니다. 비난보다는 칭찬할 일이다. 왜냐하면 생각에 빠져있었음을 알아차렸기 때문이다. 알아차리지 못했다면 명상시간이 끝나도록 생각에 빠져있었을 것 아닌가.

아이들을 가르칠 때 자꾸 비난하기보다 잘하는 것을 칭찬하는 것이 더 좋다. 스스로 학습을 할 때도 마찬가지다. 또 그것이 테니스를 배우는 것이든 명상을 배우는 것이든 마찬가지다.

호흡 마음챙김 명상을 하다가 문득 다른 생각에 빠져있음을 깨닫게 되면 '아, 다른 생각에 빠졌었군.' 하고 알아차림과 함께 그냥 쿨하게 다시 호흡감각으로 돌아온다. 지난 일은 지나가게 한다Let bygones be bygones!

이때도 100% 모든 주의를 다시 호흡감각으로 보내겠다고 완벽주의를 발동하지 않고 그냥 자연스럽게 호흡감각에 주의를 보낸다.

제 6 장
몸 마음챙김 명상

몸은 나에 대한 관찰에서 중요한 대상이다. 우리는 일차적으로 몸을 나와 동일시하는 경향이 강하다. 역설적이지만, 마음챙김을 통해 몸을 있는 그대로 바라보게 되면 몸을 더 잘 알게 되며 몸에 대한 친밀감과 객관화가 동시에 증가한다. 몸 마음챙김 명상을 통해 평소에 내가 몸에 대해 잘 모르고 있음을 알게 되고, 몸을 밖에서 볼 줄 모르고 몸 안에 갇혀 살았음을 알게 된다. 몸 마음챙김 명상을 통한 몸에 대한 객관화와 함께 나에 대한 객관화가 진행된다. 내가 보이기 시작한다. 내 몸에서 어떤 감각을 느끼고 있고 내 몸이 어떤 상태에 있는지를 분명하게 안다.

몸은 우리의 건강상태뿐만 아니라 마음의 상태도 나타낸다. 특히 잘 의식하지 못하는 욕구, 감정 등도 몸에 대한 관찰을 통해 구체적으로 알 수 있다.

중요한 시험이나 면접을 앞두고 긴장되거나 신경이 날카로워질 때 가슴이 두근거리고 배가 불편해진다. 시험이나 면접을 망쳐 의기소침해질 때 어깨는 축 처지고 숨이 깊게 쉬어지지 않으며 가슴이 답답하다. 시험을 잘 보거나 면접이 성공적이어서 날아갈 듯 기쁠 때 얼굴표정이 밝아지고 가슴이 펴지고 걸음걸이는 활기차다.

호흡 마음챙김 명상이 호흡과 관련된 몸 부위에 대해 주의를 집중하며 마음챙김하는 명상인 반면에 몸 마음챙김 명상은 편안한 상태에서 몸 전체를 한 부위씩 차례로 주의를 보내며 마음챙김 하는 명상이다. 주의를 고정시키지 않고 몸의 각 부위에 의도적으로 체계적으로 옮기며 집중한다는 점에서 호흡 마음챙김 명상보다 몸 마음챙김 명상에 좀 더 많은 '행위'가 들어간다고도 볼 수 있다.

몸의 감각에 대해 주의를 기울이는 연습을 하면 몸의 감각에 대한 감수성이 증가하고 나에 대한 구체적이고 체험적인 앎이 증진된다. 뿐만 아니라 몸 마음챙김 명상은 몸의 상태를 건강한 방향으로 변화시킨다. 예로부터 마음(주의)이 가는 곳에 기氣가 가고 기가 가는 곳에 혈血이 간다고 했다. 우리 몸에는 혈액, 림프액, 뇌척수액 등 체액이 늘 흐르고 있다. 몸의 각 부위에 순수한 주의를 보내는 것은 적어도 체액의 흐름을 좋게 해주고 나의 몸의 건강한 에너지를 활성화시켜 몸과 마음의 건강으로 이어진다.

몸에 주의를 기울인다는 것은 몸을 경청한다는 것이므로 몸과의 소통이 증진되는 것이라고 할 수 있다. 소통이 잘 되면 건강이 증진되는 것은 자연스러운 결과다. 몸의 신호를 잘 듣게 되면 적절한 조치를 취할 수 있으며 무리하지 않고 건강을 지킬 수 있다.

몸 마음챙김 명상은 주의집중의 대상에만 차이가 있을 뿐 기본적으로는 호흡 마음챙김 명상과 마찬가지로 몸의 감각에 주의를 집중하며 마음챙김 하는 명상이다. 따라서 호흡 마음챙김 명상에서 소개한 명상의 지침들은 기본적으로 몸 마음챙김에도 적용될 수 있다. 특히 '쉰다'의 자세, 호기심과 열린 자세로 있는 그대로 바라보는 것은 공통적으로 적용된다.

몸에 대한 경청

몸에서 보내는 싸인(호소)을 무시하다보면 나중에는 몸에서 보내는 소리를 제대로 듣지 못하게 된다. 둔감화되는 것이다. 때로는 몸에서 보내는 싸인을 무시해야 할 때도 있다.

전투가 한창 진행될 때는 총을 맞아도 통증을 느끼지 못하는 경우가 있다. 눈앞에서 삶과 죽음이 좌우되는 전쟁터에서는 총에 맞은 통증조차도 느끼지 못하는 것이 적응적이다. 그러나 전투가 끝나고도 통증을 느끼지 못한다면 생명에 지장이 있을 것이다.

평소에 마음이 과거에 대한 후회나 원망 또는 미래에 대한 걱정으로 꽉 채워져 있으면 몸에서 불편함을 호소해도 듣지 못하고 제대로 배려해주지 못한다. 결국 나중에 큰 병으로 발전하게 될 수도 있다. 호미로 막을 것을 가래로 막게 될 것이다.

몸의 각 부위에 순수한 주의를 보내는 몸 마음챙김 명상은 몸에 대한 경청이고 몸에 대한 사랑이다.

몸과 마음의 재정렬

생활 속에 이런 저런 긴장과 걱정 등으로 몸과 마음은 원래의 정렬 상태에서 벗어나게 된다. 몸 마음챙김 명상은 몸의 각 부위에 순수한 주의를 보냄으로써 몸과 마음의 긴장을 풀어주고 막힌 부분을 열어주어 원래의 정렬 상태로 돌려주는 재정렬의 작용을 해준다.

몸과 친해지자

몸을 관찰하며 몸과 친해지자. 몸에게 주의를 보내며 몸과 친해지자. 몸 마음챙김 명상을 통해 몸과 자주 접속하자.

몸 마음챙김 명상을 통해 몸과 가까워지고 몸과 친밀해진다. 자꾸 주의를 주니 친해진다. 사람도 자꾸 만나 관심을 보이면 친해지듯이 몸과 자주 만나고 관심을 보이며 몸과 친해진다.

평소에 나는 내 몸과 얼마나 친한가? 몸에 대한 관심이 있어도 눈에 쌍꺼풀이 있어야해, 턱이 좀 더 갸름해야해, 배가 너무 나왔어, 허벅지가 너무 뚱뚱해 등으로 비판적이고 독재적인 관심을 갖고 있지는 않은가?

사람과 친밀해지고 싶을 때 그 사람에게 주의를 기울이고 그 사람의 말을 경청한다. 마찬가지로 몸과 친밀해지고 싶다면 몸에게 주의를 기울이고 몸의 말을 경청한다.

있는 그대로의 몸의 상태에 대한 부드러운 관심으로 몸과 가까워지자. 동양에서는 마음이, 즉 주의가 가는 곳에 기가 가며, 기가 가는 곳에 혈이 간다고 했다. 기가 막혔다가 기가 통하고, 정체되어 있던 혈액과 림프액이 통한다. 몸과 친밀해지면 몸의 정화, 몸의 리셋, 몸의 힐링이 따라온다.

몸과 친해지면 마음과도 친해진다

몸과 친밀해지면 마음과도 친밀해진다. 마음은 때로 추상적이어서 알기 어렵지만 몸은 구체적이어서 알기 쉽다. 다만 평소에 몸을 무시하고 몸과 친하지 않으면 몸으로부터 정보를 받기 어렵다. 의식적으로 정서를 억압하고 감출 수 있을지 모르지만 몸은 드러낸다. 말로는 아니라고 해도 자신의 속마음과 다른 거짓말을 하면 귀가 빨게 진다. 마음의 긴장은 승모근의 긴장으로도 나타난다. 몸 마음챙김을 하면 나의 몸만 잘 알게 되는 것이 아니라 나의 정서도 더 잘 이해하게 된다.

몸 마음챙김 명상을 통해 몸이 정화되고 힐링되면 마음도 정화되고 힐링된다. 어깨의 긴장이 풀리면 마음의 긴장도 풀린다.

몸과 친해지면 사람들과도 친해진다

몸 마음챙김 명상을 통해 몸과 친밀해지면 측두엽의 안쪽에 위치한 뇌섬엽insula이 발달한다. 뇌섬엽이 발달한 사람은 타인의 마음에 공감을 잘한다. 타인의 얼굴표정, 제스처, 목

소리 등을 통해 그 사람의 정서상태를 잘 느낀다. 결과적으로 사람들과 함께 있을 때 좋은 소통을 할 수 있다.

몸을 통해 느낄 수 있는 감각들

우리 몸은 운동기관인 동시에 센서, 즉 감각기관이다. 몸을 통해서 다양한 감각을 경험할 수 있다.

몸을 통해 느낄 수 있는 대표적 감각은 촉각이다. 넓게 보면 눈, 귀, 코, 혀 등으로 느낄 수 있는 시각, 청각, 후각, 미각도 몸을 통해 느끼는 감각이지만, 보통 몸의 감각이라고 할 때는 이러한 특수기관의 감각을 제외한 감각을 말한다.

촉각은 주로 몸의 피부를 통해 느낄 수 있는 감각이다. 피부를 통해서 몸 주변의 공기의 흐름을 느낄 수 있다. 피부에 닿는 옷이나 머리카락의 접촉감이나 무게도 느낄 수 있다. 윗입술과 아랫입술이 닿아있는 느낌이나 이가 서로 맞닿아있는 느낌도 촉각에 해당한다. 앉아있을 때 엉덩이를 통해 의자에 닿아있음과 몸의 무게 또는 압력도 느낄 수 있다. 관련해서 몸의 각 부위의 크기, 입체감, 무게, 긴장감이나 이완감, 또는 편안함이나 불편감 등을 느낄 수 있다. 팔이나 다리의 크기나 부피를 느낄 수 있고 묵직한 이완감도 느낄 수 있다. 뺨에서 살집도 느낄 수 있으며 승모근의 살집과 긴장감도 느낄 수 있다. 또한 심장박동이나 맥박도 느낄 수 있다.

그러나 몸을 통해 느낄 수 있는 감각에는 단지 촉각만이 아니라 다양한 감각들이 포함된다. 이러한 감각에는 온도감각이 포함된다. 이마나 손을 통해 주변 공기의 온도를 느낄 수 있고 자신의 손이나 발에서의 온도감각도 느낄 수 있다. 몸을 통해 통증도 느낄 수 있다. 몸의 위치, 방향, 운동에 대한 감각인 고유수용기proprioceptor 감각도 포함한다. 덕분에 누구나 보지 않아도 자신의 손, 발, 팔, 다리 등이 현재 어디에 놓여 있고 얼마나 굽혀져 있는지 잘 안다. 이러한 위치 감각도 몸을 통해 알 수 있는 감각이다. 이밖에도 근육의 긴장감이나 이완감의 감각도 느낄 수 있다. 내장에서도 감각을 느낄 수 있다. 뜨겁거나 찬 것을 먹거나 마시면 속에서 뜨거운 감각과 찬 감각을 느낄 수 있고, 속이 쓰리거나 아픈 감각도 느낄 수 있다. 독한 술을 마실 때 타는 듯한 감각도 느낄 수 있다.

우리는 또한 몸의 전체적 컨디션도 느낄 수 있다. 몸이 무겁다, 축 처진다, 날아갈 것 같이 가볍다 등의 표현이나 힘이 넘친다는 표현의 몸의 전체적 컨디션에 대한 감각이다.

이밖에도 앞에 기술한 감각과 중복될 수 있지만 우리가 몸을 통해 느낄 수 있는 감각들을 나열해보면 아래와 같다. 이러한 감각의 표현은 몸 마음챙김 명상을 할 때 몸에 대한 감각을 좀 더 잘 느끼는데 도움이 될 것이다.

가벼움-무거움, 열감-한기, 부드러움-딱딱함, 시원함-답답함, 가려움 또는 간지러움, 따끔거림, 찌릿함, 전율의 느낌, 소름이 돋는 느낌, 찡한 느낌, 저릿한 느낌, (근육) 뻣뻣한 느낌, (근육) 뻐근함, (안구의) 뻑뻑함, 당김(땅김), 콕콕 쑤시는 느낌, 시큰한 느낌, 통증(욱신거림, 찌르듯함, 얼얼함, 베는 듯함, 타는 듯함), (불편한) 묵직함, (기분 좋은) 묵직함, (호흡에 따른) 움직임, (호흡에 따른) 압력감, (배) 더부룩함, (배) 싸르르함, 나른함, 피곤함, 축축함-건조함.

가만히 정지한 상태에서도 우리 몸은 늘 움직인다. 호흡을 하고 있고 몸 안에서는 혈액, 림프액, 뇌척수액 등 체액이 흐른다. 동양에서는 경락을 통해 기가 돌고 있다고 한다. 몸 마음챙김 명상을 통해 몸에 대한 감수성을 높이면 몸을 에너지의 장, 기氣의 장으로 느낄 수도 있다.

있는 그대로 바라봄

몸의 각 부위를 마음의 눈으로 바라볼 때 가급적 있는 그대로 느끼도록 한다. 굳이 심상법을 사용하지 않는다. 심상이 도움이 되기도 한다. 심상의 방법에 따라서는 이완에 좀 더 도움이 될 수 있다. 그러나 이완이 주된 목적이 아니고 마음챙김 명상이 주된 목적이라면 가급적 심상법을 쓰지는 않도록 한다. 심상법을 잘못 사용하면 마음 내면에서 자칫 반발이나 저항이 있을 수도 있다.

다만 조금 따뜻한 마음으로, 새로운 친구를 사귈 때의 신선한 호기심으로, 좀 더 온전하게 정성껏 주의를 기울이며 몸의 각 부위를 가만히 바라보면 점차 이완도 이루어지고 각 부위에 쌓여있는 에너지를 각성시키고 활력을 얻게 된다.

경청과 인내심

내 몸의 각 부위가, 내 몸의 각 세포가 나에게, 나의 의식에게 해주는 말을 가만히 경청한다. 사람도 아직 친해지지 않았을 때는 자기 속 얘기를 잘 하지 않는 것처럼 우리 몸도 친해지기 전에는 자기 얘기를 잘 하지 않을 수 있다. 인내심을 가지고 기다리는 마음으로 몸의 각 부위가 말을 걸어올 때까지 가만히 주의를 기울인다. 작은 속삭임도 들을 수 있도록 조용히 귀를 기울인다.

녹음 멘트를 들으며 하든지 자기주도적으로 진행하든지 몸 마음챙김 명상을 처음 할 때는 몸을 관찰하는 것이 조금 어려울 수도 있다. 몸의 각 부위마다 느껴보려고 해도 처음에는 아무런 느낌도 느껴지지 않을 수 있다. 그러나 느낄 수 있을 만큼만 느끼며 인내심을 가지고 감각에 주의를 기울이는 노력을 지속하면 몸의 감각이 살아난 것처럼 잘 느껴지게 된다. 평소에는 잘 못 느끼던 감각을 느낄 수 있어 재미를 붙일 수 있다.

잘 느껴지지 않는 부위

몸의 어떤 부위는 처음에는 잘 느껴지지 않을 수 있다. 그러나 자꾸 반복하면 뇌에 길이 난다. 신경가소성neuroplasticity이 있어서 반복연습은 뇌의 변화를 가져온다.

잘 느껴지지 않더라도 대략 어느 부위인지 공간적으로 위치를 가늠할 수 있을 것이다. 그 위치에 그저 주의를 보내도록 한다. 뭔가를 느끼기 위해 일부러 움직여 보거나 힘을 줄 필요는 없다.

처음부터 잘 느끼려고 하면 좌절하기 십상이다. '오직 할 뿐.' 가만히 주의를 보내며 지켜본다. 잘 느껴지지 않는 부위에 대해서는 어느 정도 주의를 보내고 다음 부위로 주의를 옮긴다.

몸에서 감각이 잘 느껴지지 않는 경우 내가 그동안 나의 몸과의 대화에 소홀했구나, 소통을 제대로 못하고 있었구나, 하고 반성하고 미안해하는 마음으로 몸에 대한 관심을 꾸준히 지속하도록 한다.

몸 마음챙김 명상을 꾸준히 하면 일상생활 중에도 몸을 잘 느낄 수 있게 된다.

몸 마음챙김 명상의 자세

일반적으로 몸 마음챙김 명상은 누운 자세에서 많이 진행한다. 이렇게 하면 몸의 이완에 도움이 많이 되기 때문이다. 누워서 몸 마음챙김 명상을 진행하는 단점은 이완이 지나쳐 쉽게 잠에 빠진다는 것이다. 그러다 보니 몸 마음챙김 명상을 마음챙김의 수용을 위해서보다 단지 이완을 위해서만 사용되는 경우가 많다.

저자는 가급적 앉아서 몸 마음챙김 명상을 수행하기를 권장한다. 앉아서 하는 방식을 기본으로 하고 때때로 필요에 따라 누워서 하는 방식을 적용하는 것이 좋다.

몸 마음챙김 명상의 실제

몸 마음챙김 명상은 녹음된 멘트에 따라 진행할 수도 있고 녹음 멘트 없이 스스로 진행할 수도 있다. 녹음 멘트를 들으면서 하면 몸의 각 부위에 대한 순차적인 집중에 도움이 된다. 다만 녹음 멘트의 속도가 자신과 잘 맞지 않으면 녹음 멘트를 놓치고 잡념에 빠질 수 있는 단점이 있다. 녹음 멘트는 몸의 각 부위에 머무는 시간을 너무 빠르지도 너무 느리지도 않게 적절한 간격으로 진행하는 것이 좋다. 전체적인 진행시간은 15분에서 20분 정도면 좋다.

아래의 유튜브 주소에 저자가 녹음한 몸 마음챙김 명상의 녹음 멘트가 있으니 활용해도 좋다.

몸 마음챙김 명상Mindfulness meditation
https://www.youtube.com/watch?v=g2UV5X4LAgY

몸의 각 부위에 대한 마음챙김의 순서가 익숙해지면 녹음 멘트 없이 스스로 할 수도 있다. 물론 처음부터 녹음 멘트 없이 스스로 진행해도 좋다. 스스로 진행할 때는 자신의 상황과 필요에 따라 속도를 맞춰서 진행할 수 있는 장점이 있다.

몸 마음챙김 명상을 스스로 마음속으로 각 신체부위를 부르며 진행할 때는 각 부위의 명칭을 마음속으로 천천히 3회씩 불러주며 그곳으로 주의를 보낸다. 주의를 보내는 부위가 작거나 잘 느껴지면 1회씩만 불러줘도 좋다. 쌍으로 있는 신체부위 중 서로 가까이 있는 경우에는 한 번에 주의를 주는 방식으로 진행하지만 원한다면 한쪽씩 나눠서 진행해도 좋다. 아래에서 손이나 발의 경우에 손가락이나 발가락 하나씩 모두 나눠서 불러주는 방식을 소개하고 있지만 숙달되면 한 번에 '손' 또는 '발'이라고 불러도 좋다.

한 부위, 한 부위 존중하는 마음으로 불러준다. 중요한 모임에 참석한 귀한 분들을 소개하듯이 경건하게 존중하는 마음으로 불러준다. 혹은 사랑하는 아이들을 한 명씩 불러주듯이 한다. 이와 같이 하며 각 신체부위에 주의를 기울이는데 정성을 다한다. 신체부위에 주의를 보낼 때 각 신체부위의 표면뿐만 아니라 안쪽까지 입체적으로 느낄 수 있도록 한다.

마음속으로 신체부위의 명칭을 불러주는 것은 각 신체부위에 주의를 보내고 유지하도록 도와주며 만트라처럼 작용해서 잡념을 차단해주는 효과도 가져온다.

간혹 해당 신체부위에 대한 바람이나 잡생각이 떠오르면 알아차림하고 다시 해당 신체부위에서의 감각에 주의를 기울인다.

몸 마음챙김 명상을 실천할 때 몸의 각 부위를 아래와 같은 순서로 천천히 불러준다. 스스로 녹음을 해서 사용해도 좋고 매번 실천할 때마다 마음속으로 불러줘도 좋다. 익숙해지면 마음속으로 불러주는 것도 사용하지 않고 가만히 마음의 눈으로 몸의 각 부위를 순서대로 바라본다.

정수리

머리 뒷면

머리 양쪽 옆면

이마

양 눈썹 (왼쪽 눈썹) (오른쪽 눈썹)

미간

양 눈 (왼쪽 눈) (오른쪽 눈)

코

양 귀 (왼쪽 귀) (오른쪽 귀)

양쪽 뺨 (왼쪽 뺨) (오른쪽 뺨)

입술

이와 잇몸

혀

구강

턱

얼굴 전체

목 (목 앞면, 목 뒷면, 목 양쪽 옆면, 목 안쪽)

양 어깨 승모근 (왼쪽 어깨 승모근, 오른쪽 어깨 승모근)

왼쪽 삼두근과 어깨관절

왼쪽 윗팔

왼쪽 팔꿈치

왼쪽 아래팔

왼쪽 손목

왼손 손바닥

왼손 손등

왼손 엄지

왼손 검지

왼손 중지

왼손 약지

왼손 소지

왼팔 전체

오른쪽 삼두근과 어깨관절

오른쪽 윗팔

오른쪽 팔꿈치

오른쪽 아래팔

오른쪽 손목

오른손 손바닥

오른손 손등

오른손 엄지

오른손 검지

오른손 중지

오른손 약지

오른손 소지

오른팔 전체

왼쪽 가슴

왼쪽 어깨 날개

오른쪽 가슴

오른쪽 어깨 날개

가슴 안쪽

명치

배 앞면

등

왼쪽 옆구리

오른쪽 옆구리

배 안쪽

생식기관

골반 부위

양쪽 엉덩이 (왼쪽 엉덩이, 오른쪽 엉덩이)

왼쪽 고관절

왼쪽 허벅지

왼쪽 무릎

왼쪽 종아리

왼쪽 발목

왼발 발바닥

왼발 발등

왼발 엄지

왼발 둘째발가락

왼발 가운데 발가락

왼발 넷째발가락

왼발 새끼발가락

왼다리 전체

오른쪽 고관절

오른쪽 허벅지

오른쪽 무릎

오른쪽 종아리

오른쪽 발목

오른발 발바닥

오른발 발등

오른발 엄지

오른발 둘째발가락

오른발 가운데 발가락

오른발 넷째발가락

오른발 새끼발가락

오른다리 전체

몸 전체

몸 마음챙김 명상을 실천하는 초기에는 어렵겠지만, 숙달되면 몸의 각 부위에 체계적으로 순수한 주의를 보내며 동시에 떨어져보기의 마음챙김을 적용한다. 몸 마음챙김 명상을 통해 몸과 친밀해지지만 동시에 몸을 객관적 대상으로 볼 수 있게 된다. 몸에 대한 지나친 동일시로부터 어느 정도 벗어날 수 있게 된다.

몸 마음챙김 명상을 통해 구체적이고 체험적으로 나의 몸을 분명하게 안다. 이것이 나의 몸이다. 지금-여기에 나의 몸이 이러이러한 감각으로 존재한다. 지금-여기에 이렇게 내 몸이 이런 모양, 크기, 무게로 느껴진다. 이것이 나의 몸이다. 동시에 이렇게 깨어있고 살아있음을 분명히 느낀다.

부분 몸 마음챙김 명상

몸 전체에 대한 몸 마음챙김 명상 외에도 일상생활을 하면서 짬짬이 몸의 일부에 대해 몸 마음챙김 명상을 하는 것도 좋다. 정서의 표현과 관련이 높은 얼굴이나 긴장과 관련이 많은 어깨에 대해 하루 중에 간간이 주의를 보내고 몸 마음챙김 명상을 하면 정서의 이해와 관리, 긴장의 해소 등에도 도움이 돈다. 또 평소에 몸의 어느 부위에서 어떤 불편함을 자주 또는 많이 느낀다면 종종 그 부위만 별도로 몸 마음챙김 명상을 실시하는 것도 좋다.

일상생활 중에 간간이 나의 몸의 각 부위를 가만히 불러준다. 마치 김춘수의 시 '꽃'에서처럼 그 부위의 이름을 불러 나에게로 와서 꽃이 되도록 한다. 그 부위가 지금 어떤지 가만히 느껴본다.

아울러 이러한 부분 몸 마음챙김 명상을 할 때 마음챙김의 자세를 회복함으로써 일상생활에서 마음챙김의 적용 빈도를 높일 수 있다.

제 7 장
우두커니 마음챙김 명상

호흡 마음챙김 명상이나 몸 마음챙김 명상 모두 나의 몸에서 경험되는 감각을 주의집중의 대상으로 삼고 수행하는 마음챙김 명상이다. 우두커니 마음챙김 명상은 몸에서 경험되는 감각뿐만 아니라 시각, 청각, 미각, 후각 등 모든 감각기관을 통해 경험될 수 있는 감각을 주의집중의 대상으로 삼고 수행하는 마음챙김 명상이다.

우두커니 마음챙김 명상은 모든 감각을 주의집중의 대상으로 삼는다고 했지만 특정한 대상에 주의집중을 하는 것은 아니다. 호흡 마음챙김 명상에서는 호흡에 주의를 집중하는 훈련을 하며 마음챙김하고, 몸 마음챙김 명상에서는 몸의 각 부위에 체계적으로 주의를 이동하며 집중하는 훈련을 통해 마음챙김한다. 그러나 우두커니 마음챙김 명상에서는 그러한 주의집중 훈련이 들어있지 않다. 특정한 대상에 주의를 집중하는 훈련보다는 욕구-생각을 쉬고 깨어있음, 욕구-생각을 쉬고 단지 깨어 알아차리는 자리를 유지함을 훈련하는 것이 더 중요하다.

우두커니 마음챙김 명상을 할 때는 욕구-생각을 쉬고 모든 감각에 열려 있는 상태다. 감각을 굳이 찾아서 느끼는 것이 아니라 그저 욕구-생각을 쉬니 마음의 공간에 감각들이 드러나는 것이다.

우두커니 마음챙김 명상은 호흡 마음챙김 명상처럼 공식적으로 자리를 잡고 진행할 수도 있지만 일상생활에서 자연스럽게 문득 실행할 수 있는 명상이다. 우두커니 마음챙김 명상은 움직이는 지하철 전동차 안이나 사람들이 많은 백화점, 또는 한적한 공원에서도 실행할 수 있다. 문득 마음을 쉬고 내 몸에서 경험되는 감각들뿐만 아니라 나의 주변에서 경험되는 감각들을 느끼며 떨어져 바라보는 마음챙김을 한다.

우두커니 마음챙김 명상을 통해 고요한 가운데 나를 객관화하고 주변 세계를 있는 그대로 객관적으로 인식하는 연습을 하게 된다. 내가 나의 몸과 나의 주변 세계에서 무

것을 감각하고 있고 내 몸이 어떤 상태에 있는지를 분명하게 자각한다.

오직 쉴 뿐

5분간 우두커니 마음챙김 명상을 하기로 한다.
타이머를 맞춘다.
5분 동안 오직 쉴 뿐.
문득 욕구-생각 내려놓고 깨어있을 뿐.
내 마음의 영점을 잡고 영점-나의 마음상태로 돌아온다.
소리가 들린다.
소리를 듣고 있음을 안다.
커피향이 느껴진다.
커피향을 맡고 있음을 안다.
호흡을 느낀다.
호흡하고 있음을 안다.
몸을 느낀다.
여기 몸이 있음을 안다.
욕구-생각이 일어나면 그 욕구-생각을 알아차리고
지금-여기의 세계로 돌아와 쉰다.

오직 쉰다.

다만 깨어있을 뿐.

앉아 있을 뿐.

알아차릴 뿐.

다만 알아차리는 자리, 의식허공 자리, '큰 나' 자리에서

여기 내가 깨어있음

여기 내가 살아있음

여기 내가 존재함을

온전히 안다.

개념의 세계에서 감각의 세계로

어디서든 문득 개념의 세계에서 감각의 세계로 들어간다.

잠시 머리를 쉬고 문득 바로 내 곁의 감각의 세계로 들어간다.

TV 리모컨 하나로 순간 화면을 바꾸듯이 개념의 세계에서 감각의 세계로 들어간다.

내 바로 곁에 온갖 주파수가 존재한다.

내 바로 곁에 온갖 세계가 존재한다.

나는 지금 어느 세계에 주파수를 맞추고 있나?!

돈…

외모…

과제…

인정…

승진…

………

모든 개념의 세계에서 벗어나

지금-여기에 내 몸과 함께 존재하는 감각의 세계에 주파수를 맞춘다.

스위치를 끄듯 욕구-생각을 쉬고 지금-여기 감각의 세계를 맞이한다.

방안의 불을 끄고 창밖의 무수한 별을 보듯이

자연스럽게 들어오는 생생한 감각들을 받아들이며

또렷이 깨어 아는 자리가 된다.

마음속 재잘거림이 온전히 멈출 때 지하철 전동차 바닥의 초록색도 신비하다.

시비하지 않음

모든 감각을 환영한다.

특정한 감각을 쫓아가지도 쫓아내지도 않는다.
다만 받아들인다.
자유롭게 흘러가게 한다.
어떤 것에도 집착하지 않고 바라본다.

소리가 들리면 소리를 있는 그대로 듣는다.
이렇다 저렇다 소리와 시비하지 않는다.
밖에서 들려오는 소리 감각을 받아들이고 온전히 경험한다.
소리를 소리로 들으며 또한 듣고 있음을 분명히 자각한다.

빛깔과 모양이 보이면 빛깔과 모양을 있는 그대로 본다.
이렇다 저렇다 빛깔이나 모양과 시비하지 않는다.
밖에서 보이는 빛깔이나 모양을 받아들이고 온전히 경험한다.
빛깔과 모양을 빛깔과 모양으로 보며 또한 보고 있음을 분명히 자각한다.
호흡이 느껴지면 들숨과 날숨의 호흡감각을 있는 그대로 느낀다.
이래라 저래라 호흡과 시비하지 않는다.

몸이 만드는 호흡 감각을 받아들이고 온전히 경험한다.

호흡감각을 호흡감각으로 느끼며 또한 느끼고 있음을 분명히 자각한다.

다른 감각에 대해서도 마찬가지다.

욕구-생각의 작용을 쉬고 단지 또렷이 깨어 지금-여기서 무엇을 경험하고 있는지를 분명히 안다.

'숨을 쉬고 있구나.'

'듣고 있구나.'

'여기 이렇게 몸이 있구나.'

'앉아있구나.'

'깨어있구나.'

깨어있음의 자각, 그 느낌!

깨어있음으로서의 나!

'살아있구나.'

살아있음의 자각, 그 느낌!

살아있음으로서의 나!

우리의 감각능력은 얼마나 놀라운가

우리나라에 칼라 TV가 방영되기 시작한 것은 1980년대 이후다. 1977년도인가 프랑스 문화관에서 칼라 TV를 처음 본 적이 있다. TV 화면은 늘 흑백으로만 나오는 줄 알았는데 칼라로 나오니 놀랍고 신기했던 기억이 난다. 그러나 생각해 보라. 우리의 눈은 온 세상을 형형색색으로 비춰주고 있지 않은가. 어떤 기계가 이러한 기능을 그것도 입체감까지 더해서 보여주는가. 소리는 또 어떻고, 냄새와 맛은 또 어떤가. 가는 털의 촉감도 느낄 수 있고 뜨겁고 차가움을 느낄 수 있는 촉감은 또 어떤가. 하늘을 나는 것이 기적이고 물위를 걷는 것이 기적이라기보다 보고 듣고 냄새 맡고 맛보고 감촉을 느낄 수 있는 것이 기적이다.

시각과 청각 모두 장애였던 헬렌 켈러Helen Keller, 1880–1968가 쓴 에세이 '3일만 볼 수 있다면Three Days to See'[6]에는 이런 내용이 나온다. 한 시간 가까이 숲에서 산책을 하고 온 친구에게 무엇을 관찰했는지 묻는데 "별로 특별한 것 없었어." 라는 대답을 들으며 정상적 시각을 갖는 사람들이 자신의 놀라운

6 Atlantic Monthly (January, 1933)

시각기능을 얼마나 무신경하게 사용하는지에 대해 기술하고 있다. 그녀는 사람들이 성인 초기에 며칠 동안 갑자기 눈이 멀고 귀가 먹은 다음 다시 정상으로 돌아온다면 시각과 청각이 주는 기쁨과 그것의 고마움을 제대로 알게 될 것이므로 큰 은총일 것이라고 말한다. 그리고 자신에게 3일만 볼 수 있는 기회가 주어진다면 시각을 통해 하고 싶은 일들을 잔잔하게 기술하며 다음과 같은 글귀로 우리들에게 조언을 주며 글을 맺는다.

> 못 보는 나는 볼 수 있는 당신에게 시각의 선물을 온전하게 사용하는데 도움이 될 조언을 줄 수 있을 것 같습니다. 마치 내일이면 볼 수 없는 사람처럼 눈을 사용하십시오. 그리고 다른 감각에도 그런 방식을 적용하십시오. 노래, 새 소리, 오케스트라의 웅장한 소리도 내일이면 귀가 먹어 다시는 들을 수 없을 것처럼 들으십시오. 사물을 만질 때 내일이면 나의 모든 촉감이 사라져버릴 것처럼 만지십시오. 꽃의 향기를 맡고, 음식의 맛을 음미할 때, 내일이면 다시는 냄새를 맡을 수 없고, 맛을 느낄 수 없을 것처럼 하십시오. 당신이 지닌 모든 감각을 최대한으로 누리십시오. 자연이 부여한 감각기관을 통해 세계가

드러내는 모든 즐거움과 아름다움을 기뻐하기 바랍니다.
그러나 모든 감각 중에서도 제일은 시각일 것입니다.[7]

그전에 해외뉴스에서 어떤 40대 영국 여성이 태어나면서부터 한 번도 소리를 듣지 못한 청각장애인이었는데 수술을 통해 소리를 듣게 된 사연이 소개된 적이 있다. 그녀는 전등 스위치를 켜고 끄는 소리도 신비하고 주방의 수돗물 소리도 신비하고 서랍에서 주방물품을 만지는 소리도 놀랍고 조카가 과자 달라는 소리가 그렇게 달콤했다고 말했다.

우리의 감각기관은 놀라운 기능을 발휘하는 감사한 선물이다. 그러나 우리는 감각을 당연시하고 주의를 제대로 보내지 않고 있다. 대부분의 주의를 욕구-생각에 투자하며 늘 바쁘게 산다. 과제 하느라 바쁘고 스펙 쌓느라 바쁘고 취업준비 하느라 바쁘고 업무처리 하느라 바쁘다. 욕구-생각으로 늘 바쁘다.

일을 할 때는 어쩔 수 없이 바쁘더라도 잠시 쉴 때는 마음을 열고 욕구-생각을 내려놓자. 쉴 때조차도 욕구-생각을 내려놓지 못하고 과거의 후회와 원망, 미래의 걱정으로 마음을

7 인터넷을 통해 검색한 원문을 우리말로 옮겼음.

채우지 말자. 잠시 시간 난다고 스마트폰이나 신문의 언어로 또 욕구-생각을 가동시키지 말자. 문득 쉰다는 기분으로 자신의 몸과 주변 환경에 충분한 주의를 보내고 온전하게 감각을 느껴보자. 욕구-생각 내려놓고 감각에 주의를 기울이며 감각이 주는 아름다움, 즐거움, 경이로움을 느껴보자. 가능하면 내가 어떤 감각을 느끼고 있고 어떤 정서를 경험하고 있음도 알아차리자.

제 3 부

일상생활 마음챙김

기본 마음챙김 명상을 통해 고요한 상태에서 마음챙김의 기본을 어느 정도 익히면 일상생활 속에서 활동을 하며 자연스럽게 몸과 마음을 있는 그대로 떨어져서 바라보는 수행도 시작하도록 한다.

행위 마음챙김은 일상생활 중에 욕구-생각이 거의 요구되지 않는 단순하고 반복적인 행위를 할 때 행위와 행위에 따른 감각에 주의를 집중하며 마음챙김을 수행한다. 행위 마음챙김을 통해 행위를 하면서도 내 몸과 주변세계를 있는 그대로 객관적으로 인식하며 나에 대한 객관화를 심화시킨다.

행위 마음챙김에서는 감각 이외에 행위의 의도도 주의집중의 대상이 된다. 아울러 기본 마음챙김 명상에서처럼 현재의 행위 및 행위에 따른 감각과 무관한 욕구, 생각, 감정 등 여러 가지 마음의 요소가 마음에 나타날 때 마음챙김을 통해 놓치지 않고 있는 그대로 떨어져보고 내려놓는 훈련이 포함된다.

일반적으로 행위 마음챙김의 특수한 형태로 걷기 마음챙김과 요가 마음챙김은 별도로 다뤄진다. 걷기 마음챙김이나 요가 마음챙김처럼 비교적 긴 시간 동안 몸의 감각에 주의를 집중하는 수행은 집중명상 방식으로 마음챙김 할 수 있다.

정서 마음챙김은 일상생활 가운데 나타나는 정서를 마음챙김 한다. 정서 마음챙김을 할 때는 정서와 관련된 몸, 욕구, 생각 등을 본격적으로 마음챙김 하게 된다.

자비 마음챙김은 능동적으로 자비의 마음을 일으키며 마음챙김 한다. 자비심을 양성하는 훈련은 긍정심리중재법으로 볼 수 있다. 따라서 자비 마음챙김은 긍정심리중재법을 실행하며 수행하는 마음챙김에 속한다. 이 책에서는 자비 마음챙김만을 다루지만 다른 긍정심리중재법을 실행할 때도 마음챙김을 함께 수행하면 더 좋을 것이다.

대화 마음챙김에서는 대화를 하면서 마음챙김을 유지한다. 대화를 할 때는 나의 욕구-생각이 매우 활발하게 작용하기 때문에 마음챙김을 하기 쉽지 않다. 여기서는 대화 마음챙김을 도와주는 몇 가지 방법이 다뤄진다.

끝으로 마음챙김의 일상화에서는 생활 속에서 마음챙김을 심화하는 여러 가지 방법을 다룬다.

제 8 장

행위 마음챙김

행위 마음챙김은 호흡 마음챙김 명상이나 몸 마음챙김 명상처럼 특별히 명상을 위해 시간을 내지 않고도 일상생활 속에서 수행할 수 있는 마음챙김 수행방법이다. 또한 호흡 마음챙김 명상이나 몸 마음챙김 명상이나 우두커니 마음챙김 명상과 달리 행위 마음챙김은 일상생활 속에서 활동을 하면서 수행하는 마음챙김 수행법이다.

참고로 넓은 의미로 보면 호흡 마음챙김 명상도 행위 마음챙김에 포함할 수 있다. 행위의 전체 스펙트럼으로 보면 아무 것도 하지 않고 앉아 있음 역시 행위의 하나로 볼 수 있고 호흡도 일종의 행위로 볼 수 있기 때문이다.

우리의 일상생활을 들여다보면 매일 반복되는 많은 행위들로 이루어짐을 알 수 있다. 이들의 예를 몇 가지 나열해 보

자: 침대에서 몸을 일으키기, 화장실 가기, 세수하기, 요리하기, 먹기, 마시기, 설거지, 이 닦기, 머리감기, 샤워, 화장하기, 양말 신고 벗기, 옷 갈아입기, 신발 신고 벗기, 문 열고 닫기, 엘리베이터 단추 누르기, 블라인드 열고 닫기, 걷기, 운전, 계단 오르내리기, 버스나 지하철 단말기에 태그하기, 버스나 전철에 타고 내리기, 의자에 앉고 일어나기, 스마트폰 꺼내고 켜기, 자세 변경하기, 컴퓨터 켜고 끄기, 복사하기, 물건 옮기기, 청소, 쓰레기 버리기, 세차, 화초 가꾸기, 세탁기로 세탁하기, 빨래 널고 개기, 커피 내리기, 요가, 스트레칭, 조깅, 운동 등.

이상의 행위들을 수행할 때 특별히 욕구-생각을 필요로 하지는 않기 때문에 행위에 최소한의 정신자원을 사용하고 나머지 정신자원으로 행위 자체와 행위에 따라 발생하는 감각에 주의를 보내며 마음챙김을 수행할 수 있다. 기본 마음챙김 명상에서 움직이지 않는 상태에서 나를 바라보는 것처럼 행위 마음챙김에서는 움직이는 가운데 나를 바라보도록 한다. 내가 무엇을 하고 있는지 분명하게 본다. 아울러 우두커니 마음챙김 명상에서 주변 세계에 대한 객관적 바라봄을 하듯이 행위 마음챙김에서는 행위와 관련해서 경험되는 주변 세계의 객관적 바라봄도 함께 이루어진다.

주권 회복

일상의 반복적 행위는 대부분 오랜 시간 숙달됐기 때문에 정신자원을 별로 필요로 하지 않고 부지불식간에 이루어진다. 식사 후에 양치를 하고도 했는지 안했는지 도저히 기억이 나지 않아 두 번씩 하는 경우도 있다. 심지어 운전을 하면서도 생각에 빠져 어떻게 운전을 했는지 운전 중에 무엇을 보고 들었는지 모른 채 도착지에 도착하는 경우도 있다.

일상의 많은 행위가 자동화 되고 습관화 되어 있다. 이러한 행위를 하는 동안 우리 마음은 다른 잡다한 생각에 매몰되어 있는 경우가 많다. 때로 프로젝트 아이디어나 연구 아이디어를 구상하는 경우도 있지만 대체로 과거의 무의미한 반추를 하거나, 자기 자신이나 다른 사람의 발목을 잡는 자책, 후회 혹은 원망을 하고 있거나, 또는 오지도 않을 미래의 걱정을 한다.

이러한 일상의 행위를 할 때 분명히 깨어 몸의 감각과 주변 세계에 주의를 보내고 어떤 감각을 경험하고 있는지 어떤 행위를 하고 있는지 마음챙김 한다. 또 어떤 욕구를 일으키고 생각을 하고 있다면 어떤 욕구를 일으키고 어떤 생각을 하는지 분명히 알아차린다. 이렇게 함으로써 무의식에 뺏긴 몸과 마음의 주권을 회복하도록 한다.

의도 마음챙김

일상의 반복적인 행위들에 특별히 욕구-생각이 필요하지 않다고 해도 그 행위를 개시할 때는 그 행위를 하고자하는 최소한의 의도가 있다. 의도는 일종의 욕구다. 그 의도를 포착하고 마음챙김 하는 것이 중요하다.

특히 행위 마음챙김은 마음챙김 수행을 위해 따로 시간을 낼 필요는 없지만 행위를 할 때 마음챙김의 적용 자체를 잊어버리기 쉽기 때문의 행위의 의도를 알아차리는 것이 필요하다.

일상의 반복적인 행위를 시작할 때 그 행위의 의도를 놓치지 않고 알아차리는 것은 내 마음의 작용을 객관적으로 관찰하는 능력의 향상에 많은 도움이 된다.

대부분 일상의 반복적 행위들은 일단 행위가 개시되면 거의 자동적 행위의 연쇄로 진행되기 때문에 더 이상 특별히 의도를 관찰할 필요는 없다. 그러나 일상의 반복적인 행위들 중에 상대적으로 조금 더 복잡한 행위, 예를 들어 설거지나

운전 같은 경우에는 행위 도중에도 새롭게 관찰할 수 있는 의도가 있을 수 있으므로 그런 경우에는 그러한 의도를 정확하게 알아차리고 마음챙김 하는 것이 좋다.

잉여 주의와 행위 마음챙김

사람들과 어울려 식사를 할 때 얘기에 몰두한다. 특히 친한 친구들과 만나 즐겁게 웃고 떠들며 식사할 때 우리는 대화에 몰입되어 있다. 그런데 이렇게 대화에 집중되어 있는 상태에서도 몸은 알아서 식사를 잘 한다. 우리의 손은 정확하게 젓가락으로 음식을 집고 코나 뺨으로 나르지 않고 입으로 잘 보낸다.

이와 같이 몸은 자기 할 일을 알아서 잘 한다. 의식적으로 하지 않아도 잘 한다. 이러한 일은 아주 오래 동안 반복해서 자동화되었기 때문에 매우 적은 주의만으로도 충분히 수행할 수 있다.

이렇게 자동화된 행동을 할 때 우리의 남아도는 주의는 갈 길을 제공해주지 않으면 헤맨다. 어디든 갈 길을 찾는다. 사람들과 함께 식사를 할 때는 잉여 주의가 대화로 갈 수 있지만, 혼자 식사를 하게 되었을 때는 어떠한가. 남아도는 잉여 주의에 마음은 안정을 찾지 못하고 TV 리모컨을 찾거나, 스마트폰을 켜거나, 신문을 펼친다. 이럴 때 식사 할 때는 식사만 하기로 선택하고 남아도는 주의로 마음챙김을 연습한다. 식사도 맛있게 하고 마음챙김도 익힌다.

일상의 반복적 행위들을 수행하는 동안 이와 같이 잉여 주의의 상태에 놓여있기 때문에 이러한 행위를 하는 시간이 온갖 불필요하거나 불건강한 욕구-생각이 자라나는 온상이 되고 있다. 매일 일상의 반복적 행위를 행할 때 분명히 깨어 주의를 집중하고 마음챙김 하면 욕구-생각 쉬는 온전한 휴식의 평화와 감각의 생생함, 그리고 마음챙김의 숙달을 얻을 수 있다.

미시 마음챙김

행위 마음챙김은 행위와 함께 수행하는 감각 마음챙김 명상이기도 하다. 일상생활에서 반복적인 행위를 수행할 때 깨어서 그 행위와 그에 따른 감각에 분명한 주의를 보낸다. 그러면서 어떤 행위를 하고 있는지에 대한 분명한 자각을 함께 하도록 한다. 즉, 행위를 하며 미시 마음챙김과 거시 마음챙김을 함께 수행한다.

행위를 할 때 행위와 관련해서 먼저 운동감각이나 촉감에 대해 마음챙김 할 수 있다. 몸으로 어떤 행위를 할 때 몸의 움직임에 따른 운동감각과 사물을 잡거나 사용하는데 오는 촉감에 주의를 보내며 분명하게 느끼고 이러한 감각을 느끼고 있음을 분명히 자각한다. 행위를 위해 시각자극에 주의를 줄 필요가 있다. 문을 열 때는 문손잡이를 보아야 한다. 시각감각도 있는 그대로 보는 마음챙김을 할 수 있다. 행위를 할 때 청각자극도 발생한다. 이를 닦을 때 나는 소리, 샤워할 때 나는 물소리, 설거지 할 때 나는 소리 등 청각자극에 대해서도 주의를 보내고 마음챙김 할 수 있다. 커피나 차를 마시거나 음식을 먹을 때처럼 시각자극, 청각자극, 후각자극, 미각자극 등에 주의를 보내고 마음챙김 할 수 있다. 여러 감각자극이 동시에 뚜렷한 경우 한두 가지 감각자극에만 주의를 보내거나 하나씩 돌아가며 주의를 보내거나 혹은 숙달되면 동시에 여러 감각자극에 주의를 보내며 마음챙김 한다.

이와 같이 볼 때 행위 마음챙김은 행위를 하며 진행하는 몸 마음챙김 명상이고 우두커니 마음챙김 명상이라고 볼 수 있다. 따라서 행위 마음챙김을 하며 일상생활 속에서 몸에 순수한 주의를 보내고 몸과 친해질 수 있다. 또한 주변 환경에서 경험할 수 있는 감각에 열려 있게 된다. 지하철

개찰구 앞에서 손에 든 지갑의 감촉을 느끼고, 개찰구 태그판에 지갑을 댈 때 들리는 짧고 명료한 소리도 듣고, 개찰구를 통과하며 삼발이가 허벅지에 닿는 느낌도 분명히 느낄 수 있다. 마음챙김을 하기 전의 세계와 마음챙김을 할 때의 세계가 물리적으로 동일할지 모르지만 내가 경험하는 세계는 같지 않다.

거시 마음챙김

행위를 하며 미시 마음챙김뿐만 아니라 거시 마음챙김이 함께 이루어지도록 한다. 미시적인 감각의 분명한 자각뿐만 아니라 거시적 자신이 지금 어떤 행동을 하고 있는지 분명하게 자각하도록 한다.

아울러 어떤 행위를 시작하기 전에 그 행위를 하려고 하는 의도를 분명하게 알아차림 한다. 예를 들어, 의자에서 일어나려고 할 때 일어나려고 하는 의도를 분명하게 알아차리고 일어난다.

너무 지나치게 행위의 디테일을 놓치지 않으려고 애쓰지 않아도 좋다. 자연스럽게 몸의 움직임에 따른 감각을 잘 관찰하되 기본적으로 이 몸, 이 마음이 어떤 욕구, 생각을 내며 어떤 감정을 느끼며 어떤 행위를 하고 있는가를 객관적으로, 다른 존재처럼 관찰한다.

어떤 행위도 자각 없이 무의식적으로 행해지지 않도록 한다. 일상에 해야 하는 일들을 하며 지금-여기에 분명하게 깨어있는 연습이 이루어지도록 한다.

몸이 있는 곳에 마음이 있도록 한다.
몸이 하는 일에 마음이 있도록 한다.

이와 같이 미시적 및 거시적으로 수행하는 행위 마음챙김과 함께 일상생활에서 조금 더 나에 대한 객관적 자각과 주변 세계를 객관적으로 바라보는 능력, 또 몸의 감각과 주변 세계의 감각자극이 주는 고요한 즐거움을 음미할 수 있는 능력을 개발하게 된다. 무엇보다도 행위 마음챙김에서는 내가 무엇을 하고 있는지를 분명하게 볼 수 있고 자각할 수 있도록 한다.

중계방송

내가 하는 행위를 마치 제3자가 하는 행위처럼 대하며 가급적 나의 상태와 행동을 마음속으로 간단한 단어나 문장으로 표현하는 중계방송을 지속한다. 이렇게 하면 지금 하는 행위에 대한 주의집중을 유지하는데 도움이 된다. 또한 나를 객관화하는 좋은 연습이 된다.

예를 들어, 이를 닦는 행위의 경우 다음과 같은 방식으로 진행한다.

'이를 닦으려고 함'

'(의자에서) 일어나려고 함'

'일어남'

'(화장실로) 걸음'

'(화장실 문을) 염'

'(칫솔과 치약을) 봄'

'(칫솔과 치약을) 잡음'

…………………

이상과 같이 진행하며 매 행위에서 감각을 또렷이 느끼도록 한다. 예를 들면, 화장실 문을 잡을 때 문고리의 차가운 감각을 느끼고 문을 미는 느낌도 분명하게 느낀다.

사용하는 단어나 문장은 너무 세부적인 묘사를 담기보다

는 주의집중을 유지하는데 도움을 주는 정도에서 스스로 정한다. 나중에 마음챙김의 힘이 충분히 양성되면 사용하지 않아도 괜찮다. 그러나 그동안 무의식적이고 습관적으로 하던 행위를 자각과 함께 수행하려면 단어나 문장의 도움이 필요할 것이다. 어떤 행위도 자각 없이 무의식적으로 행하지 않겠다는 강한 동기도 중요하다.

한 번에 한 가지만

한 번에 한 가지만 해서는 요즘처럼 바쁜 사회에서는 생존하기 어려워서일까 요즘은 멀티태스킹이 대세인 것 같다. 심지어 TV 뉴스를 보는데도 화면의 아랫줄에는 지금 보도하는 뉴스와는 다른 뉴스의 자막이 진행된다. 요즘 세대의 사람들은 그것이 좋을지 모르겠으나 나는 구세대여서일까 그런 자막이 지금 뉴스에 집중하는데 방해가 되는 것 같아 좋지 않은 것 같다.

물론 숙달되면 한 번에 몇 가지 일을 동시에 할 수도 있다. 그러나 일의 성격상 어쩔 수 없는 것이라면 모르지만 그렇지 않다면 가급적 한 번에 한 가지 일에 집중하는 것이 좋을 것이다. 특히 행위 마음챙김을 연습할 때는 한 번에 한 가지 일을 하면서 그 행위에 집중하며 마음챙김 한다.

혼자 식사하게 되었다면 TV를 켜거나 스마트폰을 열지 말고 그냥 식사를 하며 그 행위와 그에 따른 감각을 온전히 경험하며 마음챙김 한다. 설거지를 할 때 음악을 듣거나 TV을 보며 하는 것도 좋지만, 설거지 마음챙김을 하기로 했다면 온전히 설거지에만 집중하며 마음챙김 한다. 러닝머신에서 마음챙김 하기로 했다면 눈앞의 모니터를 끄고 이어폰도 빼고 오직 걷거나 달리는 것에 집중하며 자신의 몸과 환경의 감각을 느끼며 마음챙김 한다.

행위의 속도

바쁜 때가 아니라면 수행초기에는 가급적 동작을 조금 느리게 한다. 걷기도 조금 느리게, 설거지도 조금 느리게, 청소도 조금 느리게, 이 닦기도 조금 느리게, … 이와 같이 동작을 조금 느리게 함으로써 동작과 감각을 조금 더 잘 관찰할 수 있고, 또한 평소에 습관처럼 무의식적으로 가지고 있는, 빨리 마치겠다는 마음도 다스릴 수 있다.

행위를 일부러 느리게 하려고 하지 않아도 행위를 하면서 행위의 의도, 감각, 동작 등을 온전히 마음챙김 하다보면 자연스럽게 행위가 조금 느리게 이루어진다.

일상생활에서 바쁘게 움직일 수밖에 없을 때는 가급적 어떤 행위도 자각 없이 이뤄지게 하지는 않겠다는 동기를 더욱 분명하게 한다. 몸은 빠르게 움직이되 최대한 주의를 기울여 마음챙김 하도록 한다. 특히 바쁘게 행동하는 나를 분명히 알아차리고 볼 수 있도록 한다. 몸은 빠르게 움직이지만 마음은 태풍의 눈처럼 고요할 수 있도록 한다.

행위 마음챙김을 위한 도움말

- 바쁘게 사는 현대인들은 일상의 반복적인 행위들이 중요하지 않다고 보기 때문에 알게 모르게 이런 행위를 할 때 빨리 끝내려는 마음이 있다. 행위를 빨리 끝내려는 마음을 알아차리고 내려놓는다. 이것이 매우 중요하다. 행위를 빨리 끝내려는 무의식적 마음이 마음챙김 수행의 큰 장애물이다.
- 반복적 행위를 할 때 몸과 가까워지는 시간으로 여기고 몸을 존중하고 몸을 느끼고 몸에 대한 관심을 유지하며 행동한다.
- 몸 마음챙김 명상을 통해 몸에 대한 객관화를 잘 할 수 있으면 행위 마음챙김을 하면서도 몸을 잘 느낄 수 있고 몸

에 대한 객관화가 잘 이뤄질 수 있다.

- 매순간의 행위를 음미한다는 자세는 마음챙김 수행을 도와주는 굳건한 동맹군이다. 차 한 잔, 커피 한 잔을 마실 때 온전히 마신다. 빠르게 마셔버리려고 하지 말고 욕구-생각을 쉬고 지금-여기에 깨어 온전히 음미하며 마신다. 가능하면 깨어서 알아차리고 있는 의식허공을 자각한다.
- 행위를 하며 어떤 감각들을 느낄 수 있는지 약간의 호기심을 가지고 주의를 집중한다.
- 행위를 하며 몸은 움직이지만 욕구-생각을 내려놓아 마음은 온전한 휴식을 취하며 깨어있도록 한다. 여기 이렇게 내가 깨어있다. 이렇게 움직이고 있다. 이렇게 살아있다.
- 일상의 반복적 행위들을 마치 종교의식을 치르듯이 하면 행위에 좀 더 깨어서 집중할 수 있다.
- 설거지의 경우 주의를 잘 집중하며 그릇을 씻으면 그릇의 질감도 느껴지고 '감각이 잡히는 느낌'도 느껴진다.
- 행위 마음챙김을 할 때 호흡 마음챙김 명상에서 다룬 '영점-나'을 회복하도록 한다. 욕구-생각 내려놓고 지금-여기에 깨어있을 때 매일의 평범한 행위가 당연하지 않고 특별하게 지각될 것이다. 감사함도 느껴질 것이다. 경이롭고 신비하게 경험될 것이다.

제9장
걷기 마음챙김

걷기 마음챙김은 행위 마음챙김에 속하지만, 마음챙김 명상을 교육할 때 독립적으로 다뤄지는 경우가 많다. 전통적으로 걷기 마음챙김은 호흡 마음챙김 명상과 함께 수행되어 왔다. 호흡 마음챙김 명상을 할 때는 가만히 앉아만 있으므로 중간에 걷기 마음챙김을 넣음으로써 마음챙김 명상 수행과 함께 몸의 건강도 배려한 것으로 보인다. 뿐만 아니라 살아있는 사람은 매일 걷는다. 특히 과거에는 현대보다 걷는 일이 많았기 때문에 생활 속에 마음챙김 명상을 오래 할 수 있는 좋은 방안으로 걷기 마음챙김이 채택된 것으로 보인다.

과거보다는 적게 걸어도 현대인들도 걷는 것은 매일 하는 행위이고, 요즘은 특별한 일이 없어도 건강을 위해 걷는 경우가 많으므로 걷기 마음챙김은 일상생활에서 마음챙김을 수행할 수 있는 좋은 방법이다. 또한 걷기는 일상의 반복적 행위 중에 비교적 길게 지속하는 행위이므로 마음챙김을 수행하기에 적합하다.

걷기 마음챙김의 장점

걷기가 건강에 좋다는 것은 모두 알 것이다. 다른 운동은 자칫 몸에 부상을 가져올 수도 있지만 걷기는 그러한 부담 없이 일상생활 속에서 할 수 있는 훌륭한 운동이다. 또한 발바닥에는 온몸의 장기가 모두 연결되어 있어서 걷기는 발바닥의 지속적인 자극을 통해 몸의 장기를 긍정적으로 자극하는 훌륭한 방법이다. 뿐만 아니라 걸을 때 팔을 힘차고 절도 있게 흔들며 걸으면 어깨와 팔의 스트레칭도 이루어져 좋다. 이와 같은 걷기의 장점을 알면 걷기의 효과가 더 클 것이다. 발바닥 감각에 주의를 기울이고자 하는 동기도 더 높아지지 않을까.

이와 같이 건강에 좋은 걷기를 마음수행과 함께 할 수 있다는 점에 걷기 마음챙김의 매력이 있다. 뿐만 아니라 걷기는 누구나 매일 하는 행위다. 따로 시간을 내지 않아도 마음챙김을 연습할 수 있다!

아침에 출근할 때 지하철역까지 걸어가며 마음속에서 무슨 생각을 하는지 한 번 관찰해보라. 또 저녁에 퇴근하며 지하철에서 집까지 무슨 생각을 하며 걷는지 한 번 관찰해보라. 아마도 대부분이 필요 없는 생각들이다. 거의 무슨 생각을 했는지도 모르는 생각들이다. 혹은 지난 일에 대한 후회나 원망, 또는 미래에 대한 걱정이다. 걷는 시간에 걸음에만 집중하며 걷기 마음챙김을 하면 부정적 생각을 하지 않게 되어 좋다. 자연스럽게 마음이 평화로워지고 주변의 자연환경까지 즐길 수 있게 된다.

걷기 마음챙김의 또 다른 장점은 자신의 걸음을 관찰하다가 허리나 골반이 틀어진 것을 발견하거나 불건강한 걷는 습관을 깨닫고 교정하게 되기도 한다는 것이다.

걷기 마음챙김의 기본

걸을 때는 가급적 몸에 힘을 빼고 걷는다. 특히 어깨와 몸통의 힘을 빼면 몸이 충실한 느낌이 들고 걸음이 가벼워진다.

걷기 마음챙김은 기본적으로 행위 마음챙김이므로 행위

마음챙김에서 다룬 내용이 걷기 마음챙김에도 적용이 된다.

호흡 마음챙김 명상에서 호흡을 통제하지 않듯이 걷기 마음챙김에서도 걸음을 통제하지 않는다. 평소처럼 몸이 알아서 걷게 내버려둔다. 다만 걷고 있는 몸을 바라본다. 걷고 있는 몸에서 느껴지는 걷는 감각을 바라본다.

가급적 몸을 객관화한다. 몸과의 동일시에서 벗어나 몸이 하는 걷는 행위를 관찰한다. 약간의 호기심을 가지고 마치 다른 사람이 걷는 것을 관찰하듯이 한다.

수행공간에서 일정한 거리를 왕복하거나 원을 그리며 걸을 때처럼 안전한 곳에서는 집중명상의 방식으로 진행해도 좋다. 즉, 주의집중의 대상을 발바닥의 감각처럼 더 좁게 한정해서 명상적 방식으로 마음챙김 해도 좋다. 그러나 일상적인 장면에서 걸을 때는 걸음에 초점을 두되 주변의 다른 자극들에 대해서도 주의를 열고 마음챙김 한다.

걷기 마음챙김에서도 감각에 대한 주의에 초점을 두며 감각을 느끼고 있음을 자각하는 미시 마음챙김, 걷고 있음에 대해 분명하게 자각하는 거시 마음챙김을 함께 수행한다. 마음이 평화롭고 기분이 상쾌해지면 그 또한 가만히 알아차림 한다.

일상생활에서의 걷기 마음챙김

집안이나 공원의 조용한 곳에서 일정한 거리를 규칙적으로 왕복하거나 순환하며 걷는 경우가 아니고 일상생활 속에서 걸을 때는 우두커니 마음챙김 명상의 방식으로 수행하는 것이 좋다.

사람도 많이 다니고 자전거나 차도 다니는 도로변에서는 집중명상의 방식으로 걷기 마음챙김을 하는 것은 다른 사람에게 방해가 되거나 본인에게 위험할 수도 있다. 이런 경우에는 발바닥에서의 감각만이 아니라 자신의 몸 전체와 주변 환경의 감각자극들에 주의를 열고 있는 그대로 느끼도록 한다.

걷기 명상: 처음처럼 음미

아침 출근길.

마치 이 세상에서의 처음이자 마지막 걸음처럼 걷는다.

다시는 이 지구에서 이러한 걸음을 걸을 수 없는 것처럼 걷는다.

또 생각해보면 이 걸음은 처음 걷는 걸음이다. 나도 땅도 더 이상 어제의 나, 어제의 땅이 아니며 내일의 나, 내일의 땅도 아니다. 오직 이 순간만의 나요 이 순간만의 땅이 만나는 것이다. 이 걸음으로서는 처음이자 마지막의 걸음이다. 언제나 한 걸음은 그 자체로 처음이자 마지막이다!

걷되 이 걸음이 처음이자 마지막인 것처럼 음미하며 걷는다.

걷기 명상

아침 출근길.
걷자.
그러면 걷는다.
몸은 충실하게 따른다.
어디든 간다.
오직 걷는다.
이것이 내 몸이다.
내 몸이 걷는다.
그냥 걷는다.
나는 오직 알아차린다.

걷기 마음챙김을 위한 도움 말

- 마음챙김을 배우고자 하는 사람이라면 매일 걷는 시간을 수행시간으로 삼겠다는 분명한 의도를 세우는 것이 좋다.
- 어디에 도착하려는 의도를 내려놓는다. 특히 빨리 가야겠다는 마음을 내려놓는다. 오직 걸을 뿐이라는 태도를 확립한다.
- 걷기 전에 먼저 몸을 한번 잠시 느껴본다. 또 발바닥을 통해 중력을, 몸의 무게를 느껴본다.
- 걸으며 자연스럽게 발바닥에 주의를 모은다. 걷기 명상에서도 우두커니 마음챙김 명상에서처럼 연습해도 좋다. 다만 욕구-생각을 내려놓고 '쉰다'는 자세로 경험되는 모든 감각을 즐긴다.
- 발바닥의 감각만이 아니라 종아리와 허벅지 근육에서의 감각, 나의 호흡, 얼굴에 닿는 바람 등 몸으로 느낄 수 있는 모든 감각에 주의를 보내도 좋다.
- 걷기가 끝난 후, 마치 요가의 마무리에서 사바사나를 하듯이, 가만히 서서 몸 전체를 관찰하며 기운을 느끼는 것도 좋다. 발과 다리, 몸에서 느껴지는 열기, 에너지, 기의 흐름을 가만히 느껴본다.

• 매순간의 걸음은 늘 새로운 걸음이다. 방금 전 걸음은 과거다. 다음 걸음은 미래다. 오직 한 걸음, 한 걸음, 지금의 한 걸음 뿐이다. 방금 전 걸음도 생각하지 않고 다음 걸음도 생각하지 않는다. 오직 지금의 걸음, 그 감각을 온전히 느낀다. 얼굴에 닿는 바람, 앞뒤로 가볍게 움직이는 팔도 느껴본다. 오직 걷고 있을 뿐. 느끼고 있을 뿐. 그뿐이다.

제 10 장

요가 마음챙김

요가와 마음챙김

요가[8]는 욕구와 생각을 내려놓고 아사나asana라고 하는 다양한 몸의 자세를 만들며 집중하는 행위 명상으로 볼 수 있다. 요가는 온몸의 경락을 자극해서 기혈순환을 좋게 해주고 몸의 유연성과 힘을 증진시키며 마음을 편안하게 해주어 심신의 건강에 좋을 뿐만 아니라 배우는 재미가 있는 수행이다. 또한 요가의 아사나는 일정한 몸의 자세와 움직임으로 이루어져 있어서 행위의 마음챙김으로 추천할 만하다.

8 요가는 매우 다양한 수행체계를 포함한다. 여기서 요가라고 할 때는 신체를 통한 수행인 하타(Hatha) 요가와 그 내에서 발전한 여러 가지 유형의 요가를 말한다.

Kabat-Zinn 박사가 개발한 '마음챙김에 기반한 스트레스 감소Mindfulness-Based Stress Reduction, MBSR' 프로그램에도 요가가 포함되어 있다(Kabat-Zinn, 2011).

저자가 요가에 입문한 것은 고등학교를 마치고 대학교에 입학하기 전인 1976년말 1977년초였다. 당시만 해도 요가는 지금의 요가보다 훨씬 정적이었다. 아사나는 주로 앉아서 하거나 누워서 하는 유형이었다. 하나의 아사나를 천천히 만들고 비교적 오래 유지한 후에 돌아와서 사바사나sabasana, 송장자세로 휴식을 취한 후에 다음 아사나로 넘어가는 방식이었다. 고요하게 명상적으로 수행하기에 알맞은 요가였다. 몸에서의 감각을 관찰하기가 좀 더 용이하고 아사나와 아사나 사이의 사바사나는 누운 자세에서 몸의 감각에 집중하는 명상의 역할을 했다.

아직도 고전적인 방식으로 수행하는 요가가 있지만 요즘에는 훨씬 동적이고 활력적인 요가가 많아진 것 같다.[9] 아쉬탕가ashtanga 요가에서는 아사나도 서서 하는 유형이 많고 아

9 참고로 최근에 발전한 음(陰) 요가(Yin-Yoga)의 경우에는 더욱 정적인 형태의 요가다. 전반적으로 요가가 대중화되면서 매우 다양한 형태로 진화하는 것으로 보인다. 아쉬운 점은 요가가 마치 여성의 전유물처럼 되어 일부 요가 센터에서는 남성이 배울 수 있는 기회를 막고 있다는 것이다.

사나와 아사나 사이에 휴식이 별로 없고 하나의 아사나를 유지하는 시간도 짧은 편이다. 특히 빈야사 요가는 멈춤 없이 아사나와 아사나를 물 흐르듯이 연속적으로 이어간다. 고전적 형태의 요가는 정중동靜中動으로, 요즘 발전한 요가는 동중정動中靜으로 움직이는 명상이라고 부를 수 있다.[10]

마음챙김을 적용하기에는 고전적 방식의 요가가 더 적합하다. 그러나 요즘의 요가도 아사나에 익숙해지면 마음챙김을 적용하는 것이 어렵지만은 않다. 오히려 몸이 동적인 상태에서 마음챙김을 적용하는 좋은 훈련이 될 수 있다. 다만 때때로 약간의 속도조절을 하고 간간이 휴식 자세인 타다사나tadasana, 산자세나 사바사나 또는 발라사나balasana, 아기자세를 넣어 동적으로 아사나를 이어감에서 오는 활발한 에너지 또는 기氣의 흐름을 느낄 수 있는 시간을 주면 좋다. 동적으로 몸을 움직이다가 중간 중간 멈춤 상태에서 온 몸의 감각이 살아있음을 느낄 수 있다. 지금-여기에 내가 온전히 깨어있고 살아있음을 온몸으로 온마음으로 느낄 수 있다.

10 움직이는 명상이라는 점에서는 타이치(Taichi)라고도 불리는 태극권(太極拳)도 추천할 만하다. 타이치 역시 여러 가지 자세를 일정한 방식으로 천천히 물 흐르듯이 이어가는 점에서 요가와 비슷한 점이 있다. 아래에서는 요가 마음챙김을 중심으로 설명하지만 타이치도 마찬가지 방식으로 마음챙김과 함께 수행할 수 있다.

지복至福 경험과 마음챙김

요가에 집중하며 욕구-생각이 내려놓아지면 비록 잠시지만 마음이 비워지고 감각이 깨어나며 '더 뭘 바래!'의 본연의 마음상태, 영점-나의 상태가 된다. 특히 요가는 몸이 동적인 상태에서 에너지氣의 활발한 활동이 있어서 정적인 호흡 마음챙김 명상에서 경험하는 영점-나의 상태보다 좀 더 다이내믹한 상태가 되기도 한다.

욕구-생각이 많이 내려놓아지고 감각이 깨어날 때의 행복감은 달리 비교하기 어렵다. 간혹 요가 중에 가슴에서 땀방울 하나가 또르륵 굴러가는 것이 느껴지면서 동시에 바로 이곳의 전체 시공간이 온전히 느껴지며 '아, 좋다. 참 좋다!'는 느낌이 들기도 한다. '이대로 죽어도 좋다.'는 느낌이 들 정도의 행복감이다. 스포츠에 몰입할 때도 이와 유사한 체험을 할 수 있다. 떨어져 바라보는 마음챙김까지 있지는 않아도 스포츠에 몰입하며 잡다한 욕구-생각이 내려놓아지고 온전하게 감각을 느낄 때 이러한 행복감을 경험할 수 있다. 생리적으로는 도파민이나 세로토닌의 호르몬 분비와도 관계있을 것이다.

이렇게 욕구-생각이 내려놓아지고 순수한 주의집중이 이

루어지는 멋진 상태의 아쉬운 점은 지속적 효과가 약하고 일상생활에서 마음의 긍정적 변화를 만들어내는 힘이 작다는 것이다. 그리고 이런 체험에 집착해서 반복적으로 같은 경험을 느끼려는 것에만 치중하다보면 삶의 균형이 깨지기 쉽고 내면의 성장과는 거리가 생긴다. 이런 점에서 마음챙김 수행은 일상생활 속에서도 지속적으로 나를 바라보는 힘을 양성하며 마음의 긍정적 변화를 꾸준히 만들어 나가는 장점이 있다.

그러나 충분한 마음챙김 없이 순수한 주의집중을 통해 경험하는 마음의 순수한 지복至福 상태는 비록 작더라도 마음을 정화하는 효과가 있다고 생각한다. 따라서 순수한 주의집중의 지복 상태에 집착하지는 말고 자연스럽게 경험하는 기회를 만들고 그런 때에도 마음챙김이 함께 하도록 한다면 마음의 긍정적 성장에 더 도움이 되리라고 본다.

미시 마음챙김과 거시 마음챙김

요가 마음챙김을 할 때는 단지 요가에만 주의 집중하는 것을 넘어서 감각에 대한 미시 마음챙김, 어떤 동작을 하고 있고 어떤 감정을 느끼고 있는지 등에 대한 거시 마음챙김을 함께 수행하도록 한다.

요가의 아사나를 배우는 동안에는 대부분의 주의가 요가를 배우는데 투입되기 때문에 마음챙김을 적용하기가 조금은 어렵겠지만, 요가를 수행 하는 틈틈이 조금씩이라도 마음챙김을 적용하는 것을 잊지 않도록 한다. 그래도 요가를 처음 배울 때는 요가 배우기와 요가 아사나를 만들고 유지하기가 힘들어 다른 잡념은 적다. 오히려 요가를 웬만큼 배운 다음에는 익숙해진 아사나가 나오면 쉽게 만들고 유지할 수 있어서 남는 정신자원으로 잡생각을 만들기 쉽다.[11] 이럴 때일수록 감각에 더욱 집중하고 마음챙김 하도록 유념해야 한다.

요가를 하면서도 마음챙김 수행을 함께 하겠다는 동기를 분명하게 확립하고, 호흡 마음챙김 명상에서 익힌 마음챙김을 잘 상기하며 적용하고, 행위 마음챙김에서 설명한 내용도 적용하면 요가를 즐기면서도 마음챙김에 따른 자각의 힘을 키울 수 있다.

11 TV를 보면서도 요가를 한다는 사람이 있는지 모르겠지만 그런 경우는 요가라고 할 수는 없고 단순 스트레칭 운동이라고 해야 할 것이다.

요가 및 요가 마음챙김을 위한 준비

요가를 하고자 할 때 목이나 허리에 디스크가 있거나 고혈압 등 질병이 있는 경우에는 의사와 먼저 상의 후에 하도록 한다.

어떤 행위든 마찬가지지만 요가의 경우에도 시작할 때 임하는 자세는 중요하다. 적어도 임하는 자세가 습관이 될 때까지는 행위를 시작할 때 그 자세를 분명하게 되뇌는 것이 도움이 된다. 요가에 임하기 전에 미리 요가 마음챙김을 도와주는 지침을 읽는 것도 좋다.

- 요가를 시작 할 때도 '쉰다'는 태도로 한다. 욕구와 생각을 내려놓고 그저 쉰다는 자세로 한다. 요가 시간은 단지 신체활동만을 위한 시간이 아니라 몸과 마음 모두를 이완하고 충전하며 정화하는 '움직이는 명상moving meditation' 시간이다. 요가 시간은 일상의 욕구와 생각, 어떠한 부담이나 책임감 등 모든 것을 내려놓고 쉴 수 있는 시간이다. 오로지 몸의 움직임과 감각에 주의를 집중함으로써 자연스럽게 마음을 비울 수 있는 시간이다. 요가를 즐기고 음미하겠다는 마음을 갖는 것도 좋다.

- 집단으로 진행하는 요가 교실에 갈 때 어떤 마음으로 가나? 그냥 시간 되니 습관적으로 가지는 않나? 요가 교실에 갈 때는 마음속으로 한 시간 동안 온전히 쉬겠다, 모든 복잡한 생각을 다 내려놓겠다, 요가 시간은 온전히 나만의 시간이다, 이런 마음가짐을 미리 분명하게 확립한다. 그냥 요가를 하는 것이 아니라 마음챙김 요가를 하고자 하는 사람이라면 요가 시간 동안 마음챙김으로 깨어있겠다는 의도를 분명히 하며, 마음챙김을 유지하며 온전하게 몸과 놀다오겠다는 마음가짐을 갖는 것도 좋다. 요가 마음챙김을 위해 무엇보다 중요한 것은 요가를 하는 나를 떨어져서 관찰하겠다, 요가를 하는 나의 몸을 객관화하겠다는 마음챙김의 의도를 분명하게 하는 것이다. 습관이 되면 요가 시간만 되면 몸과 마음이 그렇게 정렬된다.
- 사소할지 모르지만, 요가에 집중한다고 얼굴표정이 너무 심각한 것은 아닌지 살펴보고 미간을 펴고 눈매를 순하게 하며 입술의 양 끝에 힘을 빼고 부드럽게 한다. 얼굴표정과 요가 마음챙김의 의도를 조건화시켜도 좋다.

이상의 태도를 확립하고 요가를 시작한다.

- 요가의 시작과 마무리를 호흡 마음챙김 명상이나 몸 마음챙김 명상으로 하면 좋다. 시작 때는 마음챙김의 고요한 자리를 활성화해주어 깨어서 관찰하는 것을 도와줄 수 있다. 마칠 때는 요가를 통해 이완된 몸과 마음으로 호흡 마음챙김 명상과 몸 마음챙김 명상의 체험이 더 깊어질 수 있다.
- 간단한 명상 후 요가를 시작할 때 의식儀式처럼 늘 동일한 아사나(가급적 부드럽고 단순한 동작)를 실시하는 것은 시작할 때 마음챙김의 자세를 활성화하고 몸을 요가에 준비시키는데 도움이 된다.
- 한 동작, 한 동작 온전하게 주의를 보내며 정성스럽게 한다. 특히 요가에 어느 정도 숙달된 경우에 각 아사나를 할 때 마다 온전히 깨어서 몸을 느껴본다. 늘 하던 아사나, 늘 하던 동작이지만 정말로 깨어서 제대로 느껴보자. 지금 팔을 뻗을 때 그 뻗는 느낌을 '정말로' '정말로' 느끼고 있는가![12]

12 이러한 자세는 모든 행위 마음챙김에 공통되게 적용된다. 걸음을 걸을 때 걸음의 감각과 걸음을 걷고 있음을 '정말로' 정말로' 느끼고 있는가! 음식을 한 입 먹을 때 '정말로' '정말로' 그 감각을 느끼고 있고 먹고 있음을 자각하고 있는가!

- 요가를 하면서 늘 몸에 대한 자각, 입체적으로 느껴지는 몸의 감각에 대한 자각을 놓치지 않는다. 가능하다면 일상생활에서도 몸에 대한 자각을 놓치지 않으면 더 바람직하다. 몸 마음챙김 명상이 요가를 할 때 몸의 감각에 집중하며 마음챙김 하는데 도움이 된다. 또한 반대로 요가 마음챙김이 몸 마음챙김 명상의 수행에 도움이 된다.
- 움직임에 있어서, 타이치만큼 느리게 하지는 않아도 가급적 천천히 한다. 여유를 가지고 한다.
- 애를 쓰며 하기보다 '오직 할 뿐'으로 한다. 내재적 동기(요가 자체가 좋아서 하고 싶음)로 하는 것이다. 외재적 동기(다른 사람들에게 요가를 잘하는 것으로 보이고 싶음)로 하지 않는다. 특히 옆 사람을 의식하고 비교하지 않도록 한다. 자신의 내면의 감각에 좀 더 주의를 기울인다. 옆 사람과 비교하고 있다면 얼른 속으로 '비교함' 하고 알아차림하고 부드럽게 그러나 분명하게 다시 지금의 동작과 그 감각으로 주의를 가져오며 마음챙김 한다.
- 무리해서 아사나를 만들려고 하지 않는다. 할 수 있을 만큼 한다. 꾸준히 하다보면 아사나의 완성도는 차츰 높아지게 된다. 요가는 다른 운동에 비해 상대적으로 부상의 위험이 적은 활동이지만, 자신의 욕심을 보지 못하면 몸에

무리를 주게 되고 부상을 입을 수도 있다.

- 앞에서 마음챙김의 정의에서도 다뤘고 '몸 마음챙김 명상'에서도 언급했듯이, 몸이 하는 얘기를 경청하는 것은 중요하다. 특정한 개념을 강요하지 말고, 몸을 존중하도록 한다. 몸이 하는 소리에 잘 귀 기울여서 무리하는 일이 없도록 한다. 그러나 약간 도전적일 정도의 자극이라면 좋다. 몸의 컨디션은 매일 다르다. 어제까지 잘 됐다고 오늘도 그만큼 되어야 한다고 생각하고 동작을 한다면 그것은 현명하지 않다. 몸을 존중하고 몸의 소리에 경청하는 자세가 필요하다. 매번 할 때마다 몸을 새롭게 만나듯이 대하는 것이 좋다. 사실 늘 새로운 몸이다! 오늘의 몸은 어제의 몸이 아니다. 이미 많은 세포가 죽어 사라졌고 새로운 세포가 그 자리를 채우고 있다.
- 완벽한 아사나를 만드는 것보다 중요한 것은 매순간 음미한다는 자세로 하는 것이다. 동작 하나하나에 주의를 기울이며 마치 맛있는 음식의 맛을 음미하듯이 몸에서 느껴지는 일반적인 감각뿐만 아니라 에너지와 기機의 흐름, 힘, 긴장과 이완, 균형 등의 감각을 음미한다. 동작을 급하게 하거나 무리해서 만들려고 하기 보다는 천천히 진행하며 매순간 충분히 음미하도록 한다. 그러면서 떨어져 볼 수

있으면 더 바람직하다.

- 호흡 마음챙김 명상에서도 언급했듯이, 몸에 대한 호기심은 마음챙김을 도와주는 훌륭한 동맹군이다. 각 아사나를 만들 때마다 힘들다는 생각만 하지 말고, 가능하다면 열린 마음으로 약간의 호기심을 가지고 오늘 몸이 얼마만큼 어떻게 아사나를 수행하는지 몸을 탐색하듯이 조금 떨어져서 몸의 동작과 반응을 관찰한다. 이렇게 떨어져서 지켜보는 자세가 마음챙김의 힘과 기술을 양성한다.
- 아무리 정지된 자세를 취하고 있다고 해도 매순간 미세한 움직임이 있다. 자세를 유지하기 위해 힘이 들어가고 있고, 비트는 자세에서처럼 호흡과 함께 조금씩 몸이 더 비틀어지기도 한다. 특히 매순간 호흡을 하고 있으므로 몸에는 늘 움직임과 변화가 있다. 그 움직임과 변화를 알아차린다.
- 각 아사나에서의 호흡도 함께 관찰한다. 그냥 앉아서 호흡할 때와는 다른 몸의 움직임을 느낄 수 있다. 잘 음미하듯이 느껴본다.
- 움직일 때 무게중심의 이동에도 마음챙김을 한다. 마치 음과 양의 변화처럼 계속해서 몸의 한쪽에 있던 무게가 다른 쪽으로 이동한다. 몸의 한쪽이 양에서 음으로 바뀌고

다른 쪽은 음에서 양으로 바뀐다. 이러한 유연하게 진행하는 변화를 주의 깊게 관찰한다.

- 지도자의 안내에 따라 집단으로 요가를 수행하는 경우 아사나를 하다가 중간에 잠시 쉬는 시간을 줄 때 '아이고, 힘들다!' 라고 퍼지기보다 힘들면 힘듦을 떨어져 보도록 하고, 가급적 종소리의 여운처럼 조금 전까지 아사나를 수행한 몸에서 느껴지는 감각의 여운, 에너지와 기機의 흐름을 지켜보며 가만히 음미하며 호흡도 느껴본다. 동시에 자신이 이렇게 휴식하고 있음을 분명히 알도록 한다.
- 각 아사나에서 몸이 할 수 있는 만큼 자세를 취하며 '고요한 관찰'에 좀 더 주의를 보내도록 한다.
- 여러 아사나를 연속해서 수행할 때 마치 중계방송 하듯이 속으로 현재 진행하고 있는 아사나의 이름을 반복하는 것이 잡념을 줄이고 동작에 주의집중 하는 것을 도와줄 수 있다.
- '이것이 내 몸이다' 또는 간단히 '몸' 이라는 말을 요가를 하는 중에 간간이 주문처럼 속으로 외운다. 이렇게 하면 잡생각을 차단하고 몸에 대한 주의집중을 높이는데 도움이 된다. 동시에 몸을 객관화시켜주는 효과가 있다. 몸을 몸으로 볼 수 있게 하고 느낄 수 있게 도와준다.

- 내가 어떤 동작, 어떤 자세를 취하고 있으며 어떤 감각을 경험하고 있는지에 분명하게 깨어있도록 한다. 힘들어하고 있으면 힘들어하고 있음을 분명하게 자각한다. 속으로 '힘듦'이라고 표현해주는 것이 힘들어함을 떨어져서 보게 하는데 도움이 된다. 이때도 가능하면 어떻게 힘들어하는지 호기심을 가지고 잘 관찰해본다. 이런 태도는 힘듦을 받아들이게 함으로써 힘듦을 감소시켜주기도 한다. 앞에서 다룬 것처럼, 저항이 감소하면 2차고통(=1차고통×저항)도 감소한다. 각 아사나에서 경험하는 적당한 통증이나 힘듦을 호기심과 음미하는 자세로 지긋이 느껴보면 새로운 기분 좋음도 경험할 수 있다. 통증과 고통을 느낄 때 우리 몸에서는 이것을 보상하기 위해 엔돌핀endorphin을 방출하는데 아마도 적당한 통증에서 경험하는 기분 좋음과 관련이 있는 것 같다.
- 아사나를 만들려고 애를 쓰고 있으면 '애씀'이라고 알아차리며 무리하지 않는다. 내가 애를 쓰고 있을 때 애를 쓰고 있는 나를 볼 수 있어야 마음챙김을 하고 있는 것이다. 가급적 나의 몸과 마음을 떨어져 보도록 한다. 그러나 아사나의 완성도에 대한 욕심으로 심한 통증을 무리해서 참으며 요가를 하는 것은 금기시해야 한다.

- 입술 끝을 올리는 것만으로도 우리가 경험하는 정서가 변화한다. 요가의 각 아사나에 따라 경험되는 정서가 다를 수 있다. 신체 감각뿐만 아니라 수반하는 여러 정서, 생각 등이 있으면 함께 관찰한다.
- 가급적 몸과 마음을 객관화, 대상화하며 온전히 느낀다: '여기 감각이 있다.' '여기 몸이 있다.' 다른 행위에 대한 마음챙김에서도 마찬가지지만, 특히 요가를 할 때 몸에 대한 떨어져보기가 잘 되면 이렇게 여러 아사나를 만들어내는 몸이 기특하고 고맙고 경이롭게 느껴지기도 한다. 몸과 떨어지면서 오히려 몸과 친해지고 몸을 존중하게 된다.
- 요가 하는 동안 그저 순수하게 깨어있도록 한다. 요가 시간이 온전하게 휴식하며 평화와 함께하는 깨어있는 시간이 되도록 한다. 나이 들어서 요가를 배우고 있는 대학 후배가 있다. 그녀는 평소에 성당을 다니는데 요가를 끝내고 나면 마치 성당에 다녀온 느낌이어서 성당을 안 가도 될 것 같은 기분이라고 한다. 오십 넘은 나이에 요가를 하려니 자세도 잘 안 나오고 힘들다고 말하지만 요가를 정말 요가답게 하고 있다.
- 요가가 어느 정도 숙달된 다음에는 더욱 또렷이 깨어 마음챙김 하고자 하는 의도를 분명히 한다. 초보자 때는 배우

는데 주의가 집중되어 있고 몸이 힘들어 잡생각을 할 겨를이 없지만, 웬만큼 배우고 아사나가 몸에 익게 되면 자동화에 따라 남아도는 잉여 주의가 잡다한 욕구-생각으로 흘러버리기 쉽다. 숙달자는 아사나에 좀 더 집중하여 몸의 감각을 온전히 즐기며 깨어있는 마음챙김과 함께 할 수 있도록 한다.

- 요가를 마칠 때 이렇게 요가의 아사나를 수행하고 이런 감각경험을 하게 해주는 나 자신의 몸과 마음에게 고마움을 느끼며 감사와 축복(수행을 꾸준히 해서 더 발전하기를 기원하고, 건강-평화-행복을 기원함)을 보내며 마친다. 지도자의 안내와 함께 집단으로 수행하는 경우에는 나 자신, 지도자, 그리고 함께 수행한 사람들 모두에게 감사와 축복을 보내며 마친다.

사바사나

사바사나는 아사나와 아사나 사이의 휴식과 전체 요가를 마치고 하는 휴식으로 사용된다. 사바사나는 단순히 휴식만이 아니라 그 자체가 훌륭한 아사나다. 어찌 보면 요가의 고수는 겉으로 드러나는 어려운 동작의 아사나가 아니라 사바사나에서 차별적인 유능함을 가지고 있다고 할 수도 있다. 사바사나에서 몸과 마음의 온전한 이완을 하면서 동시에 또렷한 각성으로 몸과 마음을 관찰하며 자신의 몸과 마음을 객관화할 수 있다면 고수가 아닐까.

사바사나를 위한 도움말을 정리해보자.

- 몸을 정성스럽게 눕힌다. 특히 양손바닥이 하늘을 향하도록 해서 어깨가 바닥에 편안하게 충분히 밀착되도록 하고 가급적 천골도 바닥에 잘 밀착되도록 한다.
- 온몸의 세포 하나하나가 중력에 저항하지 않고 스스로를 중력에 맡기고 바닥으로, 바닥으로 깊이 내려가며 온전한 건강상태로 정렬될 수 있게 한다.
- 요가를 하는 동안 움직였던 몸의 각 부위를 가만히 바라보고, 감각의 여운을 음미하며, 세포 하나하나가 충전되는 느낌을 느껴본다.
- 몸 마음챙김으로 연결해도 좋다.
- 요가 후의 감동을 온몸으로 느껴본다.
- 온몸을 흐르는 에너지와 기氣를 느껴본다.
- 가급적 모든 과정에서 마음챙김이 함께 하도록 한다.

요가와 음악

요즘은 요가 센터에서 집단으로 요가를 할 때 음악을 사용하는 경우가 많다. 요가를 할 때 음악을 사용하는 것이 장점이 있을 수 있지만 단점도 있다. 아래에서 음악과 함께 요가 수행 하는 것의 장단점을 정리해 본다.

- 어떤 음악은 달콤하고 편안함을 준다. 이러한 기분 좋음이 이완감을 증진하는데 도움이 된다. 혹은 요가의 힘든 동작을 할 때 덜 힘들게 느끼게 해줄 수도 있다. 그러나 음악을 통한 이완은 요가를 통한 몸과의 온전한 만남에서 오는 기쁨과 이완을 경험하는 데는 방해가 될 수 있다.
- 가사 내용이 있는 음악(외국 팝송이라고 해도 익숙한 가사의 팝송은 내용이 파악됨)은 의도적으로 가사의 내용을 전달하고자 하는 것이 아니라면, 요가에 집중하는 데는 방해가 된다. 어떤 사람은 오히려 음악 덕분에 요가가 덜 힘들고 멋지게 느껴질 수 있다. 이 경우 역시 몸과의 온전한 만남에는 오히려 방해적일 수 있다.
- 어떤 음악은 빠르고 강하다. 힘든 요가 아사나를 할 때 참가자들을 끌고 가게 하는 효과가 있을 수도 있다. 그러나

이 역시 요가 본연의 수행과는 거리가 있다. 힘든 것을 잘 해냈는지는 모르겠지만 요가를 명상으로 한 것은 아니다.

- 요가를 명상으로 수행하는 것을 배우지 않아 모르는 경우에는 음악 없이 진행하는 요가가 지루하고 재미없게 느껴질 수도 있다.
- 음악 없이 요가를 하면 잡념이 더 많아지는 사람은 음악과 함께 하는 것이 그나마 잡념을 줄이고 몸과의 만남을 도와줄 수도 있다. 그러나 가능하면 음악 없이도 자신의 몸과 온전히 만날 수 있는 능력을 기를 수 있으면 더 좋을 것이다.
- 요가를 단지 아사나의 모양만 배우고 운동의 효과만 얻는 것을 목표로 하는 경우라면 음악과 함께 하는 것이 좋을 수 있다.
- 요가를 원래의 요가답게 명상으로 수행하고자 하는 경우에는 음악 없이 요가를 하는 것이 더 바람직한 것으로 보인다. 음악 없이 요가를 할 때 몸과 온전히 만날 수 있으며 몸의 감각에 좀 더 주의를 기울일 수 있다. 그러나 공부할 때도 음악을 들으며 해야 더 능률이 오르는 사람도 있으니 요가도 음악과 함께 할 때 더 잘되는 사람도 있을지 모르겠다. 요가에 음악을 넣는 경우에는 선곡에 좀 더 세심하면 좋을 것이다. 특히 음악적 선호에는 개인차가 있다는

점을 유념할 필요도 있다.

- 음악 없이 요가 하는 것을 더 좋아 하는 사람이 음악을 틀고 요가를 진행하는 집단요가를 하게 됐다면 어떻게 할까? 받아들이는 것이 좋을 것이다. 시끄러운 시장 한가운데서도 명상을 할 수 있는 것처럼, 음악 속에서도 요가를 하며 자신의 내면에 귀를 기울이는 수행을 하는 좋은 기회로 삼는다. 혹은 마음챙김의 자세로 음악에 대한 저항을 내려놓고 오히려 음악이 있을 때 요가가 어떻게 체험되는지 약간의 호기심을 가지고 요가를 하며 마음챙김 한다.

제 11 장

정서 마음챙김

정서 마음챙김[13]은 일상생활 마음챙김의 하나로 정서를 중심으로 마음의 요소들을 있는 그대로 떨어져서 관찰하는 마음챙김을 수행하는 방법이다. 정서는 욕구의 상태를 나타낸다. 욕구의 충족 혹은 충족예상의 상태는 긍정정서로, 욕구의 좌절 또는 좌절예상의 상태는 부정정서로 나타난다. 정서는 생각과도 관련이 많다. 정서가 생각에 영향을 주기도 하고 반대로 생각이 정서에 영향을 준다. 기분일치성효과로 화가 날 때는 화와 관련된 생각이 더 많이 난다. 또 생각은 다시 감정에 연료 역할을 해서 화와 관련된 생각은 화를 더욱

13 일상생활에서 감정이라는 용어를 더 많이 사용하지만 심리학에서는 정서라는 용어를 더 많이 사용하고 정서 마음챙김이라는 용어가 이미 알려져서 감정 마음챙김이 아니라 정서 마음챙김이라는 표현을 사용했다.

부채질 하게 된다. 정서는 몸으로도 나타난다. 불안은 심장 박동의 증가, 손발의 차가워짐, 어깨의 긴장 등으로 나타나고, 기쁨은 얼굴의 환한 미소로 나타난다.

이와 같이 정서는 마음의 다양한 요소들과 직결되어 있거나 그것들로 표현되기 때문에 정서에 대한 마음챙김은 현재의 몸과 마음의 전반적 상태를 마음챙김 할 수 있게 해준다. 따라서 정서 마음챙김은 나 자신에 대한 이해를 높이고 나 자신을 다스리는데 효과적이다. 특히 정서 마음챙김을 통해 나에 대한 객관화와 대상화가 일상생활 속에서 본격적으로 이뤄진다.

정서 마음챙김 목록[14]

정서 마음챙김은 아래의 '정서 마음챙김 목록'을 이용해서 자신의 정서상태를 알아차리는 방식으로 진행한다.

정서의 유형은 이론가에 따라 나누는 방법이 다르다. 이 책의 정서 마음챙김 목록에 포함된 정서의 유형은 기존의 연구에서 주장되는 기본적인 정서유형에 김정호 (2000)의 스트레

14 김정호(2001)을 바탕으로 재구성하였다.

스 정서와 웰빙 정서를 참고하고 확장하여 정서를 마음챙김 하는데 도움이 될 수 있도록 작성한 것이다. 이 책에서는 일반적 정서목록과 비유적 정서목록의 두 가지를 소개한다.

일반적 정서목록은 정서를 크게 두 가지로 나누어 각각 달리 목록을 만들었다. 하나는 사람, 사물, 혹은 일 등 어떤 대상에 대하여 갖게 되는 정서의 목록이고(표 1), 다른 하나는 자기 자신에 대하여 갖게 되는 정서의 목록이다(표 2). 두 가지 목록의 일부가 중복되는 것으로 보일 수 있다. 그것은 우리가 비슷한 정서를 외부대상이나 자기 자신에 대해서도 경험할 수 있기 때문이다. 편의상 중복되더라도 각각의 경우에 해당되면 포함하였다. 또 동일한 용어가 맥락에 따라 다른 의미로 쓰이는 경우에는 중복되더라도 반복해서 사용했다.

정서의 각 유형은 부정정서와 긍정정서의 차원을 갖는 방식으로 각 차원의 양극에 해당하는 정서를 쌍을 지어 제시하였다. 이렇게 양극을 갖는 차원으로 정서의 목록을 만드는 것이 각 차원에서 자신이 어느 정도의 정서상태에 있는지를 양적으로 관찰할 수 있다는 점에서 장점을 갖는다.

각 정서유형에 포함된 정서용어들이 일상생활에서 사용되는 정서용어를 모두 포괄한다고는 할 수 없다. 또한 동일한 정서용어도 개인마다 조금씩 다른 뉘앙스를 가질 수도 있다.

이 부분은 실제로 정서목록을 사용하는 개인이 각자에 맞게 다시 조정할 수 있다.

〈표 1〉 대상(사람, 사물, 혹은 일)에 대하여 갖게 되는 부정적-긍정적 정서의 목록

지루함 – 재미	지루함, 지겨움, 재미없음, 싫증남
	재미, 흥미, 궁금함, 호기심
분노 – 사랑	분노, 화, 괘씸함, 배신감, 증오
	사랑, 자비, 연민, 동정, 좋아함, 아낌, 배려, 귀여워함
미움 – 좋아함	미움, 얄미움, 혐오, 불쾌함, 거부감, 싫음, 불친절함
	좋아함, 반가움, 친절함, 감사
걱정 – 안심	걱정, 염려
	안심, 안도감, 다행감
경멸 – 존경	경멸, 멸시
	존경, 외경심
두려움 – 친근함	두려움, 공포스러움, 섬찟함
	친근함, 편안함
부끄러움 – 자랑스러움	부끄러움, 창피함
	자랑스러움, 흐뭇함, 대견함
실망 – 만족	실망감, 서운함, 섭섭함, 치사함
	만족, 감사, 고마움
짜증 – 기꺼움	짜증, 성가심, 귀찮음
	기꺼움, 기쁜
질투 – 축하	질투, 시기, 비난
	축하, 찬탄, 찬미
무관심 – 관심	무관심, 무시, 삐침
	관심, 사랑
욕심냄 – 베품	욕심냄, 가지려 함, 아까워함, 연연해 함, 이기적 마음
	베품, 주려고 함, 기꺼움, 집착 없음, 이타적 마음

하기 싫음 – 하고 싶음	하기 싫음, 피하고 싶음
	하고 싶음, 간절함
의심 – 신뢰	의심, 회의, 경계함
	신뢰, 믿음

〈표 2〉 자신에 대하여 갖게 되는 부정적–긍정적 정서의 목록

멍함 – 또렷함	멍함, 혼미함, 멍청함
	또렷함, 명료함, 주의를 기울임
산만함 – 차분함	산만함, 불안정함
	차분함, 안정됨, 침착함
억제함 – 자유로움	억제함, 참음
	자유로움, 홀가분함
갈등 – 확신감	갈등, 혼란스러움, 망설임, 갈팡질팡함, 우물쭈물함, 불확실함
	확신감, 확호함
고통 – 행복	고통, 괴로움
	행복, 즐거움
우울 – 명랑	우울, 무력감, 흥미잃음, 시무룩함, 울적함, 무감동, 무감정
	명랑, 즐거움, 기쁨, 활기참, 쾌활, 유쾌함, 신남
패배감 – 성취감	패배감, 의욕상실, 허무함
	성취감, 보람, 뿌듯함, 만족감
슬픔 – 기쁨	슬픔, 실망
	기쁨, 감격, 가슴 벅참
고독 – 소속감	고독, 외로움, 소외감, 왕따기분
	소속감, 든든함

심심함 – 즐거움	심심함, 권태, 무료함
	즐거움, 재미있음
열등감 – 자신감	열등감, 위축감, 초라함, 비참함, 창피함, 부끄러움, 수치스러움, 자존심 상함
	자신감, 당당함, 자부심
우월감 – 겸손함	우월감, 교만함, 허세부림
	겸손함
죄책감 – 떳떳함	죄책감, 미안함, 후회, 창피함
	떳떳함, 당당함, 자랑스러움
비굴함 – 의연함	비굴함
	의연함, 당당함
옹졸함 – 관대함	옹졸함, 치졸함
	관대함, 너그러움
공포 – 용감함	공포, 두려움, 비겁함
	용감함, 당당함, 의연함
불안 – 편안	불안, 불편, 어색함, 쑥쓰러움, 겸연쩍음 당황, 어쩔 줄 모름, 놀람
	편안, 평안, 평화로움, 이완, 고요함
찜찜함 – 개운함	찜찜함, 찝찝함
	개운함, 산뜻함
초조함 – 느긋함	초조함, 긴장, 안달복달, 안절부절
	느긋함, 의연함
조급함 – 여유 있음	조급함, 쫓기는 기분, 여유 없음, 급한 마음
	여유 있음, 느긋함
중압감 – 홀가분함	중압감, 압박감, 부담감, 쫓기는 기분, 갑갑함, 답답함
	홀가분함, 개운함, 자유로움, 카타르시스

절망 – 희망	절망, 좌절, 낙담, 암담함, 막막함, 지침
	희망, 기대, 도전감, 의욕, 설레임, 열망, 열정, 용기
안타까움 – 다행스러움	안타까움, 속상함
	다행스러움, 안도감
억울함 – 감사	억울함, 안타까움
	감사, 고마움
답답함 (신체적) – 상쾌함 (신체적)	답답함, 갑갑함, 꿉꿉함, 불편함
	상쾌함, 시원함, 개운함, 편안함
피곤함 (신체적) – 활력 넘침 (신체적)	피곤함, 기운 없음, 어지러움
	활력 넘침, 날아갈 것 같음
불쾌감 (신체적) – 쾌감 (신체적)	불쾌감, 고통스러움, 가려움
	쾌감, 짜릿함, 이완감, 시원함

정서상태가 어느 정도 강한 경우에는 관찰하기가 쉽지만, 그렇지 않은 경우에는 관찰이 용이하지가 않다. 아래에서는 마음의 상태를 넓이, 무게, 강도 등으로 구체적 사물의 상태처럼 비유적으로 표현함으로써 훨씬 더 명료하고 구체적으로 마음을 파악할 수 있도록 하였다. 또한 이러한 비유적 표현은 마음챙김 할 정서의 내용들을 기억하는 데도 도움이 된다. 위에 소개한 일반적 정서목록의 개별적인 정서상태는 아래의 비유적 정서상태의 몇 가지 조합으로 볼 수도 있다(표 3).

비유적 정서목록 역시 일반적 정서목록과 마찬가지로 정

서에 대한 학술적인 유형구분보다는 정서에 대한 마음챙김에 있어서 실제적이고 실용적인 측면에서의 도움을 위해 만들어진 것이다.

〈표 3〉 비유적 정서목록

넓이	좁은 마음	옹졸함
	넓은 마음	관대함
무게	무거운 마음	우울, 중압감, 답답함
	가벼운 마음	즐거움, 명랑, 홀가분함, 상쾌함
강도	딱딱한 마음	긴장
	부드러운 마음	이완, 여유
밝기	어두운 마음	절망
	밝은 마음	기대, 희망
청탁	혼탁한 마음	혼미함, 멍청함
	맑은 마음	또렷함, 명료함
온도	차가운 마음	무시하는, 무관심한
	따뜻한 마음	사랑하는, 감사하는
밀고 당김	밀어내는 마음	혐오, 분노, 지루함, 짜증
	끌어당기는 마음	관심, 사랑, 재미, 기꺼움
흔들림	흔들리는 마음	불안, 회의, 불안정, 초조함, 갈등, 걱정
	안정된 마음	편안, 평화, 확신, 침착, 의연함, 안심
위축과 확장	위축된 마음	두려움, 열등감, 패배감, 죄책감
	확장된 마음	자신감, 용기, 성취감, 떳떳함
청결	더러운 마음	욕망, 찜찜함
	깨끗한 마음	무욕, 개운암

모양	모난 마음	옹졸함, 불친절함
	둥근 마음	관대함, 친절함
개폐	닫힌 마음	적대적
	열린 마음	우호적

간편형 정서 마음챙김 목록

위에서 비교적 긴 정서 마음챙김 목록을 소개했다. 시간적 여유가 있는 경우에는 다소 길더라도 자세한 정서 마음챙김 목록을 사용하기를 권하지만, 일상생활에서 간편하게 자신의 마음상태를 관찰할 수 있도록 아래의 〈표 4〉와 같이 조금 짧은 정서 마음챙김 목록을 마련했다. 〈표 4〉의 정서 마음챙김 목록은 정서쌍의 수를 줄였을 뿐만 아니라 각 부정정서와 긍정정서의 쌍에 3부터 +3까지을 숫자를 넣어 정서의 정도를 표현할 수 있게 했다. 이와 같이 간편한 정서 마음챙김 목록은 몇 차례 연구를 통해 스트레스의 감소, 웰빙의 증진, 우울 증상의 개선 등에 효과적임이 입증되었다(강태영, 김정호, 2008; 신아영, 김정호, 김미리혜, 2010; 안정미, 김미리혜, 김정호, 2013; 최은경, 김미리혜, 김정호, 투고중).

〈표 4〉 간편형 정서 마음챙김 목록

기분 나쁨	–3	–2	–1	0	1	2	3	기분 좋음
기운 없음	–3	–2	–1	0	1	2	3	활기참
우울	–3	–2	–1	0	1	2	3	명랑
불안	–3	–2	–1	0	1	2	3	편안
조급함	–3	–2	–1	0	1	2	3	여유
미움	–3	–2	–1	0	1	2	3	사랑
화	–3	–2	–1	0	1	2	3	친절
불만	–3	–2	–1	0	1	2	3	감사

〈표 4〉를 보면 알겠지만, 맨 위의 '기분 나쁨 기분 좋음'은 자신의 전반적인 기분상태를 나타내며, 그 밑의 정서유목은 주요한 부정정서인 우울, 불안, 분노를 중심으로 상대적인 긍정서와 짝을 지어 배열했다: 우울 관련(기운 없음 활기참, 우울 명랑); 불안 관련(불안 편안, 조급함 여유); 분노 관련(미움 사랑, 화 친절). 맨 밑의 '불만 감사'는 삶에 대한 전반적인 마음상태를 나타낸다.

간편형 정서 마음챙김 목록은 작은 카드로 만들어 가지고 다니거나 스마트폰에 넣고 다니면 접근성이 좋아 이용에 편리하다.

정서 마음챙김 목록를 사용하는 이유

정서 마음챙김 목록을 사용하는 이유는 정서의 유형을 세분해서 목록으로 만들어 마음챙김 하게 되면 마음챙김 하는데 도움을 받을 수 있기 때문이다. 정서는 마음챙김 하기 어려운 대상이다. 정서가 너무 강한 경우에는 그 정서에 압도당하여 제대로 마음챙김 하기가 어렵고, 약한 경우에는 충분히 의식하지 못해서 마음챙김 하기가 어렵다. 평소에 정서 마음챙김 목록에서 정서의 여러 가지 유형들을 보면 자신이 지금 어떤 정서상태에 있는지를 알아차리는데 도움이 된다. 실제로 한 번 지금 자신의 정서가 어떤 상태인지 적어 보거나 속으로 말해보라. 그 다음 표 4를 보고 자신의 정서가 어디에 해당되는지 각 정서 쌍의 숫자로 표시해 보라. 자신의 정서가 좀 더 분명하게 느껴질 것이다. 처음에는 목록을 옆에 두고 참조하게 되겠지만, 익숙해지면 목록을 보지 않고도 기억을 통해 정서의 상태를 잘 파악할 수 있게 된다.

정서의 유목을 만들어 사용하는 것이 정서상태를 잘 알 수 있게 해주는 것은 숨은 그림 찾기에서 숨은 그림을 알려주는 것과 같은 효과로도 설명할 수 있다. 숨은 그림 찾기에서 막연하게 그냥 숨은 그림을 찾으라고 하는 경우보다 숨은 그림이 무엇인지 알려주고 찾으라고 하면 더 빨리 잘 찾을 수 있다. 우리 마음의 정서를 파악할 때도 정서의 목록으로 마음을 대조해 보면 정서를 더 쉽게 잘 알 수 있다. 자신의 정서에 대해 둔감한 사람은 평소에 자신의 정서를 나타내는 용어의 수가 매우 제한되어 있다. 이런 경우 평소에 정서를 나타내는 용어를 잘 익히고 그것을 자신의 마음과 대조해 보는 연습을 하면 자신의 정서를 이해하는데 많은 도움이 된다.

정서 마음챙김 방법[15]

정서 마음챙김은 하루 중 수시로 할 수 있는데 적어도 오전, 오후, 저녁으로 하루 세 번 정도 수행하도록 한다. 또한 정서 마음챙김은, 긍정정서든 부정정서든 의식할 수 있을 정도로 분명하게 정서를 느낄 때 그 정서가 어떠한 상태인지를 있는 그대로 떨어져서 관찰한다.

일상생활 중에 잠시 시간이 날 때 자신이 어떤 정서상태에 있는지를 마음챙김한다. 걸어가면서, 지하철이나 버스

---

15 김정호(2001)을 많이 참고하였다.

를 타고 가면서, 또는 일이나 공부를 하다가 짬짬이 틈날 때마다 자신이 현재 어떤 정서상태인지를 '정서 마음챙김 목록'을 이용해서 마음챙김 한다. 정서 마음챙김 목록을 스마트폰이나 작은 카드에 기록해서 가지고 다니며 자주 돌아보는 것이 자신의 정서상태를 마음챙김 할 수 있게 해주는 단서역할을 해 줄 수 있을 것이며, 또한 자신의 정서상태가 어떠한지를 관찰하는데 도움을 줄 것이다. 정서 마음챙김 목록의 사용에 익숙해지면 나중에는 정서 마음챙김 목록을 들여다보지 않아도 충분히 이용할 수 있게 된다. 정서 마음챙김이 익숙해지면서 TV를 보거나 대화를 하면서도 가끔씩이라도 자신이 현재 어떤 정서상태인지를 마음챙김 한다.

정서상태를 마음챙김 할 때는, 우선 정서 마음챙김 카드의 맨 위에 있는 '기분 나쁨 기분 좋음'을 보고 자신의 전체적인 느낌 혹은 기분이 어떠한지를 바라본다. 기분이 좋은지, 나쁜지, 혹은 좋지도 나쁘지도 않은지를 살펴본다. 또 좋으면 얼마나 좋은지, 나쁘면 얼마나 나쁜지를 살피며 해당 숫자에 체크해 본다. 어떤 정서든지 이러한 느낌 혹은 기분의 요소를 갖는다. 분노, 실망, 우울, 불안, 지루함 등은 모두 다른 정서들이지만 나쁜 느낌을 공통 요소로 포함한다. 사랑, 기쁨, 감사, 평화, 재미 등은 모두 다른 정서들이지만 좋은 느낌을 공통 요소로 포함한다. 이러한 느낌과 관련해서 어떤 신체적 감각을 느낄 수 있는지, 어떤 생각이 오고 가는지를 가만히 관찰한다. 정서는 몸으로도 나타나고 생각과 긴밀하게 함께 작용하므로 몸의 감각과 생각을 잘 관찰하는 것이 정서를 바르게 아는데 도움이 된다. 또한 정서는 욕구의 상태를 나타내므로 어떤 욕구가 작용하고 있는지도 느껴본다.

그 다음으로 자신의 정서상태가 어떤 유형에 속하는지 정서 마음챙김 목록의 정서쌍들을 하나씩 검토하며 정서상태를 들여다본다. 자신의 정서상태를 정서 마음챙김 목록의 특정한 정서로 명명하는 식의 앎으로 정서 마음챙김을 끝내서는 안 된다. 그렇게 되면 관념에 빠져버릴 위험이 있으며, 결코 마음챙김을 하고 있는 것이 아니다. 지금 어떤 정서가 어떻게 경험되고 있는지를 더욱 자세하고 정확하게 관찰해야 한다. 그러기 위해서는 지금의 정서가 몸의 어떤 부위에서 어떻게 느껴지는지, 어떤 생각이 함께 하고 있는지, 어떤 행동을 하고 있는지, 어떤 욕구와 관련되는지를 차분하게 체계적으로 바라보아야 한다. 특히 정서가 몸에서 어떻게 나타나는지를 중점적으로 관찰한다.

몸의 반응을 관찰할 때 특히 정서의 표현과 관계가 높은 자신의 얼굴표정이나 때로 말을 하고 있다면 자신의 음성에 대해서도 마음챙김 하면 좋다. 얼굴표정은 거울을 봐야 하는 것은 아니고 얼굴의 각 부위에서 느껴지는 감각을 잘 관찰하면 된다. 평소에 몸 마음챙김 명상을 수행하면 도움이 된다. 특히 얼굴표정은 특별한 외부자극이 없는 경우에도 자신의 정서를 바라보는데 많은 도움이 된다.

정서를 세세하게 관찰하는 것도 중요하지만 그 관찰이 과학자가 연구하듯이 지나치게 몰입하듯이 분석적이지 않도록 한다. 항상 어느 정도를 거리를 두고 있는 느낌을 유지한다. 아울러 세부적인 관찰에 초점을 두는 미시 마음챙김뿐만 아니라 내가 어떤 정서를 느끼고 있구나, 내가 어떤 정서를 느끼며 여기에 이렇게 있구나, 하고 나를 떨어져서 보는 거시 마음챙김을 함께 하도록 한다.

우리의 정서상태는 고정되어 있지 않고 하루 중에도 계속해서 변화한다. 따라서 매일 수시로 정서를 관찰하는 것이 좋다. 처음에는 자신의 정서상태를 파악하는 것이 느리고 어렵게 느껴지겠지만 반복해서 수행하면 마음챙김의 힘과 기술이 증가하여 점차 신속하고 수월하게 자신의 정서상태를 알아차릴 수 있게 된다.

일상생활에서 일에 치이고 욕구-생각에 빠져 생활하다보면 자칫 자신의 정서를 잘 모르고 지내기 쉽다. 강하게 경험하는 정서라면 분명하게 알 수 있겠지만 크지 않더라도 알게 모르게 쌓인 스트레스는 화의 역치를 낮춰 작은 자극에도 화를 내게 만든다. 평소에 정서 마음챙김을 한다면 작은 부정정서도 잘 알 수 있어 관리하기가 쉬워질 것이다. 직장인이라면 퇴근해서 귀가할 때 자신의 정서상태를 잘 바라보기 바란다. 자기도 모르게 그날의 어떤 스트레스로 분노의 역치가 낮아져 집에 가서 배우자나 자녀의 작은 행동에 분노가 폭발당하지 않도록 한다. 불안이나 우울이 깊어지는 것도 마찬가지다. 평소에 정서 마음챙김을 잘 하여 부정정서가 조절이 안 되는 상태까지 발전하지 않도록 한다.

정서 마음챙김을 통해 자신의 정서를 잘 알고 적절한 대처를 하여 일상에 유익함이 있을 뿐만 아니라 정서 마음챙김을 꾸준히 하면 늘 변화하는 정서를 볼 수 있게 되어 특정한 정서에 갇히지 않게 된다. 또한 정서를 마음챙김 하며 욕구, 생각, 몸도 자꾸 객관화하게 되어 나를 객관화하고 대상화하는 힘이 증진된다.

부정정서 마음챙김과 긍정정서 마음챙김

평상시에 자신의 정서를 관찰하는 방법 외에 일상생활에서 강한 정서를 경험할 때 그 정서를 있는 그대로 관찰하는 것도 정서 마음챙김에 중요한 부분이다.

정서를 강하게 경험할 때, 특히 경험하는 정서가 부정정서일 때 가급적 회피하지 말고 가만히 있는 그대로 바라본다. 특정 부정정서를 싫어하고 자꾸 피하려고만 하면 그 부정정서가 나에게 미치는 영향력은 점점 더 커진다. 또한 부정적인 정서상태라고 해서 일단 바꾸고 보려고 하지 말고 자기자신에 대한 '약간의 호기심'을 가지고 특정 정서에서 자신이 보이는 반응을 관찰해본다. 마음챙김의 대상인 경험과 그 경험의 바라봄과 알아차림은 분명히 분리되어야 한다. 그것이 마음챙김의 요체다. 그것이 마음챙김 훈련이고 그것을 통해 마음챙김 훈련의 목적에 도달한다.

부정정서가 강하게 경험될 때, 가급적 어떤 행위를 하지 말고 가만히 경험되는 정서를 바라본다. 그 부정정서를 잘 알고 다스릴 수 있는 좋은 기회로 삼고, 그 정서와 관련된 주관적 느낌, 생각, 욕구, 몸에서의 감각 등을 낱낱이 관찰하도록 한다.

부정적인 정서상태에서는 부정적인 행동을 하기 쉽지만, 가급적 행동을 하지 말고, 필요하다면 부정적인 정서가 일어난 상황에서 벗어나 조용히 그 정서를 관찰한다. 처음에는 쉽지 않겠지만, 점차적으로 자신의 정서에서 떨어져서 바라볼 수 있는 마음챙김의 힘이 증가될 것이고, 그럴수록 자신의 정서를 이해하고 다스리는 자기통제력도 커질 것이다.

부정정서를 마음챙김으로 바라보면 부정정서의 강도가 줄어들게 된다. 특히 부정정서와 관련한 몸에 대한 관찰은 생각의 감소를 가져와 부정정서의 강도를 약화시킨다. 더 이상 부정정서의 연료역할을 하는 생각에 빠져 생각에 생각을 꼬리 물며 만들어 부정정서를 강하게 하고 지속시키는 행동을 하지 않게 되므로 부정정서의 강도가 줄어들 수밖에 없는 것이다. 또한 부정정서를 하나의 덩어리로 경험하는 것이 아니라 관련된 요소들로 낱낱이 나눠서 보게 되므로 부정정서의 크기가 작게 줄어들게 된다.

부정정서가 너무 강해 마음챙김 자체를 적용할 마음이 나지 않을 때 일정한 시간(예, 1분) 동안만 온전히 마음챙김 하기로 선택하고 마음챙김 한다. 특히 몸에서 부정정서가 어떻게 나타나는지를 잘 관찰한다. 만약 부정정서와 관련해서 몸의 특정 부위에서 불편함을 느낀다면 그 부위에 주의를 집중하며 그 불편함을 있는 그대로 떨어져서 보면 신체적 불편함과 부정정서의 감소에 도움이 된다. 그러나 부정정서가 상대적으로 너무 강해 마음챙김으로 바라봐도 부정정서가 크게 줄지 않는다면 그 정도에서 그치고 할 일을 한다. 혹은 시간의 여유가 있다면 머리끝부터 발끝까지 몸 마음챙김 명상을 하거나 요가 마음챙김을 하며 몸에 집중한다. 혹은 필요하다면 자기 나름의 기분전환을 시도해도 좋다. 그 후에 다시 정서 마음챙김을 해본다.

부정정서가 너무 강할 때 시도할 수 있는 또 다른 방법은 자비 마음챙김을 도입하는 것이다. 그것이 강한 불안이든, 우울이든, 분노든 부정정서를 경험하는 나를 자기연민이 아닌 자기자비의 마음으로 감싸듯이 바라보는 것이 강한 부정정서를 진정시키며 마음챙김 할 수 있게 해준다.

긍정정서의 경우에는 마음챙김을 하면 긍정정서의 강도가 줄어든다고 생각해서 마음챙김을 잘 하지 않으려는 경우도 있다. 그러나 자신의 정서를 제대로 이해하고 객관화하고 대상화할 수 있으려면 긍정정서도 마음챙김 하는 것이 좋다. 또 긍정정서를 마음챙김 해도 긍정정서가 사라지는 것은 아니다. 다만 긍정정서의 유형 중 뛸 듯이 기쁜 것처럼 기쁨의 양이 매우 큰 경우에는 그 강도가 어느 정도 줄어든다. 그러나 제대로 마음챙김 했다면 될 듯한 기쁨은 아니지만 좀 더 은은한 형태로 긍정정서가 지속하게 된다. 한의학에서는 희喜, 기쁨가 지나치면 심장을 상하게 한다고 한다. 또한 기쁨이 지나칠 때 실수를 하거나 후회할 행동을 할 확률도 증가한다. 그 밖의 긍정정서는 마음챙김을 하면 음미하는 듯이 되어 긍정정서를 더 제대로 느낄 수 있다.

긍정정서를 마음챙김 하는 또 다른 방법은 앞에서 부정정서의 마음챙김에서 자비 마음챙김을 도입하듯이 사무량심四無量心의 희喜무량심을 도입하는 것도 좋다. 희무량심은 주변 사람들이 기뻐할 때 함께 기뻐하는 마음이다. 자비 마음챙김은 사무량심의 자慈무량심과 비悲무량심을 도입하며 마음챙김하는 것이다. 다른 사람에 대해서뿐만 아니라 나에 대해서도 자비심으로 대하듯이, 다른 사람에 대해서뿐만 아니라 나에 대해서도 희喜 마음챙김을 도입할 수 있다. 나를 대상으로 하는 자기자비에서 나를 떨어져보는 마음챙김의 요소가 중요하듯이 희 마음챙김을 도입한다는 것은 나를 마치 제3자를 대하듯이 하며 함께 기뻐하는 마음으로 마음챙김 하는 것이다. 이렇게 하면 긍정정서를 훼손하지 않으면서도 기뻐하는 나에 매몰되지 않고 떨어져서 보는 마음챙김을 함께 할 수 있다.

정서 마음챙김에서 어떤 정서를 줄이고 또 어떤 정서는 늘이는 것이 중요한 것이 아니라, 정서를 있는 그대로 바라볼 줄 알아 정서를 나로 보는 과도한 동일시로부터 벗어나고 나를, 나의 몸과 마음을 객관화하고 대상화할 수 있는 힘과 기술을 양성하는 것이 중요하다. 긍정정서를 더 많이 느끼고 부정정서를 더 적게 느끼는 것은 오히려 그것을 목적으로 하지 않고 마음챙김에 충실할 때 따라오는 보너스다. 마음챙김을 통해 부정정서를 더 적게 느끼게 되기도 하겠지만 그보다도 인내력의 증진으로 부정정서와도 불편하지 않게 지낼 줄 알게 되는 것이 더 큰 유익함일 것이다. 만약 삶은 행복해야 하고 우울하면 안 된다는 마음으로 사는 사람이 있다면 역설적이게도 그런 사람이야말로 우울에 빠지기 쉬운 사람일 것이다. 부정정서라고 해도 회피하려고 하지 않고 있는 그대로 바라보고 허용할 수 있을 때 부정정서로부터 조금 더 자유롭게 되고 내 삶을 살 수 있게 된다.

나에 대한 정서 마음챙김을 꾸준히 하면 나뿐만 아니라 주변사람에 대해서도 객관화해서 보고 대상화해서 떨어져서 볼 수 있게 되어 이해심과 인내력, 그리고 자비와 유머도 증진된다. 내 마음을 객관적으로 볼 수 있을 때, 또 상대의 마음도 객관적으로 볼 수 있을 때 우리는 자비로울 수 있다. 분노가 일어나는 나를 가엽게 볼 수 있다. 마찬가지로 분노를 통제하지 못하는 상대를 가엽게 볼 수 있다. 고통(불안, 우울, 분노)을 접할 경우 떨어져 볼 수 있을 때 단순한 연민이 아닌 자비의 마음이 공명된다. 자기 자신의 경우에도 고통 속에 있지 않고 고통을 볼 수 있을 때 우리가 다른 사람의 고통을 볼 때처럼 자비의 마음이 공명되어 나타난다. 또한 객관화와 대상화가 가능할 때 상황에 따라서는 유머로 볼 수 있게 되는 것이다. 나든 상대든 고통 속에 있을 때 진정으로 객관적으로 떨어져서 보면 자비심이 나타나듯이, 나든 상대든 기쁨을 느낄 때 진정으로 객관적으로 떨어져 보면 사무량심의 희喜의 마음이 나타난다. 이것은 사무량심四無量心의 사무량심捨無量心과 같은 마음챙김이 확립되어야 가능하다.

제 12 장
자비 마음챙김

자비 마음챙김은 능동적 마음챙김이다. 일반적인 마음챙김이 마음에서 일어나는 일들을 마음챙김 한다면, 자비 마음챙김은 일상생활에서 능동적으로 자비의 마음을 일으키며 그것을 마음챙김하는 것이다. 즉, 자비 마음챙김은 자비심, 혹은 '자비로운 나'를 양성하며 마음챙김하는 것이다.

자비심은 마음의 건강한 요소로 자비심을 양성하는 훈련은 최근에 긍정심리중재법으로 많이 도입되고 있다. 자비 마음챙김은 자비라는 마음의 건강한 요소를 활성화하면서도 마음챙김을 유지하는 것으로 긍정심리중재법으로 마음의 다른 건강한 요소를 활성화할 때도 유사하게 적용할 수 있다.

자비 명상, 자비관慈悲觀 등의 이름으로 수행되는 자비 수행에서 자비 문장을 반복하며 자비를 기원하는 것에 집중한다면, 자비 마음챙김에서는 이러한 자비 수행을 하면서 자기를 객관화하는 마음챙김을 유지함으로써 일상생활에서 마음챙김의 적용범위를 넓혀 나간다. 우리가 좋은 일을 할 때 은연중에 자만의 마음을 갖게 될 수 있다. 내가 바르고 선한 생각을 하고 행동을 하는 경우에도 그것을 떨어져서 객관적으로 볼 수 있을 때 그것에 집착하지 않고 행할 수 있다. 어떤 좋은 일이든 마음챙김과 함께 한다면 자기에 대한 집착에서 오는 자만심이나 우월의 심리를 예방할 수 있다. 일상생활에서 좋은 일이든 궂은일이든 이와 같이 마음챙김이 함께 할 때 금강경에서 말하는 응무소주이생기심應無所住而生其心, 즉 머무는 바 없이 마음을 낼 수 있게 될 것이다.

"자비는 '사랑할 자慈'와 '슬퍼할 비悲'로 구성된다. 자慈는 대상에 대한 따뜻한 사랑의 마음으로 대상의 행복을 바라는 마음이다. 비悲는 대상이 겪는 고통을 깊이 공감하며 상대가 고통으로부터 벗어나기를 바라는 마음이다. 자비의 대상은 타인뿐만 아니라 자기 자신도 포함된다." (김정호, 2014, p.231)

자비는 정서로 볼 수도 있지만 기본적으로는 욕구로 보

는 것이 적절하다. 자비 혹은 자비심은 나 혹은 다른 생명에게 행복을 바라는 마음이고, 고통으로부터 벗어나기를 바라는 마음이다. 우리는 타인의 선행만 봐도 마음이 따뜻해진다. 내 마음에서 나 혹은 다른 사람의 행복을 바라고 그들이 고통으로부터 벗어나기를 바라기만 해도 마음이 따뜻해진다. 자비심을 자꾸 일으킬수록 내 마음에 자비심이 자란다. 자비심이란 '자비로운 나'라고도 할 수 있다. 자비심을 자꾸 일으킨다는 것은 자비로운 나를 점차로 강화시키는 것이다. 또한 자비심을 자꾸 반복할수록 자비의 행동으로도 연결된다.

자비를 욕구, 즉 동기로 보는 것은 중요하다. 왜냐하면 자칫 대상의 고통에 대해 공감과 연민의 마음만 크고 그 고통으로부터 벗어나기를 바라는 마음이 약하게 되면 공감과 연민의 마음으로 본인이 고통을 받게 되기 쉽다. 어떤 사람은 뉴스를 통해 다른 사람들의 고통 혹은 반려동물의 안타까운 소식을 접하게 되면 너무 가슴이 아파 자신의 일상생활에 지장을 받는다. 이런 사람은 동기로서의 자비심을 양성하는 것이 바람직하다. 특히 자기 자신과 자비의 대상을 떨어져서 객관적으로 볼 수 있는 마음챙김의 힘과 기술을 양성하는 것이 필요하다.

자비 마음챙김은 나를 향해 자비를 기원하는 자기자비 마음챙김과 타인을 향해 자비를 기원하는 타인자비 마음챙김으로 나눠진다. 타인자비 마음챙김에서는 자비의 대상이 타인이므로 객관화가 비교적 쉽게 확립되지만, 자기자비 마음챙김에서는 자비의 대상이 나이므로 나에 대한 객관화가 쉽지 않다. 그래서 자기자비는 자칫하면 자기연민으로 빠질 수도 있다. 자기연민에는 자기객관화가 없다. 자신의 고통과 불행 속에 빠져있을 뿐이지 그 고통과 불행을 떨어져 보지 못한다. 자기연민에는 내가 고통과 불행에서 벗어나기를 바라는 마음(욕구, 의도, 의지)도 없고 내가 행복해지기를 바라는 마음도 없다. 다만 고통과 불행에 빠져 고통과 불행의 느낌을 더욱 증폭시킨다. 심리학에서 자기자비를 정의할 때도 나를 떨어져보는 마음챙김이 중요한 요소로 포함된다.

누군가를 미워하면 미움의 첫 번째 희생자는 바로 본인이다. 자신의 마음을 먼저 미움으로 채우지 않고는 누군가를 미워할 수 없기 때문이다. 자비 수행을 하면 자비의 첫 번째 수혜자도 바로 본인이다. 자기자비만이 아니라 타인자비를 해도 자비 수행을 하면 자신의 마음을 자비로 채우게 되기 때문이다.

자비 마음챙김의 방법

자비 마음챙김을 할 때 아래와 같은 자비 문장을 진정성을 가지고 마음속으로 가만히 반복한다. 동시에 자비심의 대상과 자비를 기원하는 나 모두를 객관적으로 떨어져보는 마음챙김을 수행한다. 괄호 안에 내가 들어가면 자기자비의 자비 문장이고 괄호 안에 다른 사람이 들어가면 타인자비의 자비 문장이다.

(　　)가 안전하기를 (기원합니다).
(　　)가 건강하기를 (기원합니다).
(　　)가 평화롭기를 (기원합니다).
(　　)가 행복하기를 (기원합니다).

일반적으로 먼저 자기자비를 하고 이어서 타인자비를 한다. 타인자비를 할 때는 가까운 사람부터 자비를 보낸다. 그 다음 차차 조금 먼 사람에 대해서도 자비를 보낸다. 나중에는 싫어하는 사람에 대해서도 자비를 보내고, 더 나아가 모든 생명에 대해 자비를 보낸다.

자비 문장은 필요에 따라 조금 다르게 만들어 사용해도 좋

지만, 가급적 성취 지향적인 문구나 긍정적 암시의 문구는 피하도록 한다.[16]

자비 문장을 반복할 때는 진심을 담아 진정성 있게 하는 것이 중요하며 심상을 이용해도 좋다.

자비 마음챙김에서 중요한 것은 위와 같이 자비 문장을 반복하면서 자비의 대상(나 혹은 다른 사람)을 마음챙김으로 떨어져 볼 수 있어야 하고, 또한 자비를 보내는 나를 객관화하여 떨어져 볼 수 있어야 한다. 내가 나 자신에게 혹은 다른 사람에게 자비를 보내고 있음을 잘 알아차리도록 한다.

자비 마음챙김을 통해 '자비로운 나', '따뜻한 나'가 양성된다. 자기자비든 타인자비든 자비를 기원할 때 떨어져보기가 되어야 한다. 달라붙으면 안 된다. 자비를 받는 대상과 동일시하지 말아야 한다. 자비명상을 통해 자비를 보내는 나를 양성하게 된다. 자기자비를 할 때도 자비를 받은 나가 아니라 자비를 보내는 나가 되는 것이다. 자비를 받는 나에 대한 수용과 자비를 보내는 나를 양성하는 것이다. 타인자비에서도 자비의 대상과 공감은 하되 동일시하지는 않는다.

---

16 김정호 (2014) 참조.

나와 내 주변 사람들을 향해 건강, 평화, 행복을 기원해주는 자비 수행은 내가 나의 욕구, 생각, 감정의 주체가 되어 삶을 능동적으로 살아가도록 해준다.

나를 위한 자비 마음챙김[17]

자비 마음챙김의 수행에서 먼저 자기 자신을 자비의 대상으로 삼는다. 우리는 평소에 자기 자신을 대상화하여 생각하고 판단하고 평가한다. 그 결과에 따라 스스로를 사랑하거나 존중하기도 하고 비하하거나 비난하기도 한다. 많은 경우에 자신의 외모, 학벌, 성격, 습관 등에 대해 불만족스러워하거나 스스로를 창피해하고 감추려고 한다. 결과적으로 죄의식, 자기비난, 열등감, 무가치감 등으로 고통을 받는다. 요즘처럼 경쟁이 심각해진 사회에서는 이런 현상이 더 두드러지는 경향이 있다.

정도의 차이가 있고, 표면으로 나타나는지 혹은 억압을 하고 있는지의 차이는 있지만 대부분의 사람들이 스스로에 대한 부정적 평가로 고통을 받고 있다. 심지어 자신의 일에 자

17 김정호 (2012, pp.145-148)를 재구성함.

부심을 가지고 스스로 자존감이 높다고 생각하는 사람이 사실은 일을 통한 성취에서만 자신의 존재감을 느끼고 있고, 매순간 성취를 이루지 못할 것을 염려하며 성공과 성취를 향해 자신을 가혹하게 몰아가는 경우도 적지 않다.

자신을 부정적으로 판단하고 비난하면 자신을 더욱 열등하고 무가치하게 만드는 악순환의 고리에 얽히게 된다. 자신을 창피해 하거나 비난하기에 앞서 있는 그대로의 자신을 자비의 마음으로 감싸주는 것이 필요하다. 다른 사람의 고통을 어루만져주기 전에 먼저 자신의 고통을 어루만져줄 수 있어야 한다. 야단치고 비난하는 것보다 위로하고 격려하는 것이 부정적인 모습으로부터 벗어나는 더 확실한 방법이다.

나를 위한 자비 마음챙김은 다음과 같이 실행한다. 먼저 편안한 자세로 앉아 눈을 감고 가만히 자신의 호흡과 몸에 주의를 기울여 몸과 마음을 고요히 하며 나를 객관화한다. 자비의 마음, 자비의 나를 불러일으키며 나를 향해 열린 마음의 자세로 위에서 소개한 자비 문장에서 괄호 안에 나를 넣고 마음속으로 반복한다.

내가 안전하기를 (기원합니다).

내가 건강하기를 (기원합니다).

내가 평화롭기를 (기원합니다).

내가 행복하기를 (기원합니다).

'내가 안전하기를 기원합니다.' 라고 전체 문장을 사용해도 되고, '내가 안전하기를' 혹은 '안전'이라고 반복해도 된다. 문장의 내용은 자비의 내용을 담는 것이면 어느 것이든 괜찮다. '내가 즐겁기를', '내 마음이 따뜻하기를', '내 마음이 기쁨과 함께 하기를' 등 자신에게 더 와 닿는 문구를 사용해도 좋다. 중요한 것은 자비의 문장을 그냥 기계적으로 반복하는 것이 아니라 진지하고 진심을 담아서 소망하고 축원하는 것이다. 또한 문장의 내용을 생생한 심상으로 반복하는 것도 도움이 된다. 원한다면 내가 안전하고 건강하고 평화롭고 행복해 하는 모습의 심상을 떠올려도 좋다. 자비 마음챙김을 시작할 때 가슴 부위에 가만히 주의를 두면서 따뜻함이 느껴지기를 기다린 다음, 그 따뜻함과 함께 자비 문장을 반복하는 것도 좋은 방법이다.

마음에 고통이 있을 때는 그 고통에 깊이 공감하고 위로하는 마음으로 진심을 담아서 자비 문장을 반복한다. 이때 고통 받는 나를 객관화해서 볼 수 있도록 하는 것이 중요하다.

고통 받는 나와 동일시하는 것이 아니라 고통 받는 나를 객관화 하고 자비의 마음, 자비의 나를 일으키며 그 마음으로 공감하고 위로하며 자비문장을 반복한다. 자비 문장으로 '내가 고통으로부터 벗어나서 행복하기를' 등의 문장을 사용하면 좋다. 참고로 마음이 괴로운데 억지로 '나는 행복하다'를 반복하며 주입하는 것은 바른 자세가 아니다. 자비 문장은 소망이고 축원이지 강요된 비현실적 확언이 아니다. 최근 심리학의 연구에 따르면, 자기에 대한 긍정적 확언(예: '나는 매력적인 사람이다.')을 반복하는 것이 자존감이 낮은 사람에게는 오히려 부정적인 영향을 주는 것으로 보고되고 있다 (Wood, Perunovie, & Lee, 2009).

가까운 사람을 위한 자비 마음챙김[18]

일반적으로 타인자비를 실천할 때 먼저 먼 사람보다 가까운 사람을 향해서 자비를 보낸다. 자비의 마음을 내기가 더 쉽기 때문이다. 또 가까운 사람과는 더 빈번한 접촉을 하기 때문에 그만큼 자비 마음챙김의 효과를 더 크게 경험할 수

---

18 김정호 (2012, pp.148-150)를 재구성함.

있기 때문이다. 그러나 여기서 특별히 가까운 사람을 위한 자비 마음챙김을 다루는 한 가지 더 중요한 이유가 있다. 그것은 누구보다도 사랑을 나눌 가까운 사람과의 관계에서 의외로 서로를 아프게 하는 일이 더 많기 때문이다.

우리는 모르는 사람에게는 전혀 기대하지 않는 욕구를 가까운 사람에게 바란다. 자식이 공부를 잘했으면 좋겠고, 남편이 돈도 잘 벌고 가정적이기를 바란다. 남편 입장에서는 아내가 이해심 많고 자신을 존중해주기를 바란다. 모르는 사람이 아니라 바로 같은 직장에서 근무하는 사람들이 자기를 좋아하고 인정하고 존중해주기를 바란다. 상황이 이렇다보니 모르는 사람보다 가까운 사람으로부터 욕구가 좌절되는 경험을 더 많이 하게 된다.

누구나 욕구좌절을 경험하게 되면 욕구좌절의 원인을 제공하는 사람에 대해 분노를 느끼게 되고 미워하게 된다. 그 결과 누구보다도 사랑을 나눌 사람이 더 큰 미움과 분노의 대상이 된다. 자식이 자신의 뜻을 따라주지 않을 때 자식에 대해 서운해지고 나아가 미운 마음이 든다. 공부 안 해서 밉고, 친구들과 SNS만 해서 밉고, 자기 멋대로 행동해서 밉고, 멋만 부리고 다녀서 밉고, 마음에 들지 않는 사람과 결혼한다고 해서 밉고, 바쁘다고 연락도 없고 자주 찾아와 주지 않아 밉다.

만약 설문지로 '당신은 당신의 자녀를 얼마나 사랑합니까?' 라고 묻는다면 당신은 상당히 높은 점수를 줄지도 모른다. 그러나 실제 생활에서 당신의 자녀에게 사랑을 더 많이 보내고 있을까? 아니면 미움을 더 많이 보내고 있을까? 자신을 한번 돌아보자. 하루 동안 자식을 향해 사랑하고 격려하고 축원하는 마음, 말, 행동으로 보낸 시간이 더 많은가, 아니면 자식을 향해 미워하고 야단치고 심지어는 '그래가지고 네가 뭐가 되겠냐.'고 저주하는 마음, 말, 행동으로 보낸 시간이 더 많은가? 남편이나 아내에 대해서는 어떠한가? 같은 직장에 있는 사람들에 대해서는 어떠한가? 마음챙김으로 깨어있지 못하면 자신이 평소에 어떤 마음을 많이 사용하고 있는지 모르고 지내게 된다.

사랑은 사랑을 가져오지만 미움은 미움을 가져온다. 아무리 자녀를 사랑하기 때문이라고 해도 공부하지 않는다고 야단치고 컴퓨터 게임한다고 비난하기만 하면 자녀는 부모에게 사랑을 느끼기 어렵다. 자연히 자녀도 부모에게 사랑을 보이지 못하고 반항하는 행동을 더 많이 하게 될 것이다. 그렇게 되면 부모는 자녀를 더 야단치고 비난하게 되어 부모자식의 관계는 미움의 악순환에 빠지게 된다. 부부관계나 직장의 구성원들 간의 관계도 크게 다르지 않다.

이와 같이 부지불식간에 가까운 사람과의 관계에서 따뜻한 사랑이 아닌 고통을 주고받는 경우가 적지 않다. 가까운 사이일수록 어떤 마음을 많이 사용하고 있는지 잘 마음챙김하고 자비의 마음을 보내도록 노력해야 한다. 마음챙김의 자세로 자비를 보낼 때 상대로 인해 자신이 고통 받고 있다면 고통 받는 자신을 자기자비로 감싸주며 상대를 향한 자비를 보내며 자비심을 양성하는 수행을 한다. 마음챙김이 함께 할 때 자신과 상대를 객관화할 수 있어서 자비심을 일으키기가 더 쉬워진다.

미운 마음, 서운한 마음, 괘씸한 생각이 들어 자비를 보낼 수가 없다면 생각해 보자. 서운한 마음, 미운 마음이 생긴 것은 애당초 그 사람으로부터 사랑과 존중을 받고 싶었기 때문이 아닌가. 그렇지 않다면 그런 감정을 느끼지 않았을 것이다. 그러나 사랑이나 존중은 서운해 하거나 미워한다고 해서 얻어지는 것이 아니지 않은가. 강제적 힘으로 얻어지는 것은 더더욱 아니지 않은가. 미운 마음을 내려놓고 가만히 그 사람을 떠올리고 자비를 보낸다. 억지로 그 사람을 사랑하려고 할 필요는 없다. 다만 가만히 그 사람을 떠올리고 그 사람이 행복해 하는 모습, 나와 즐겁게 지내는 모습의 심상을 떠올린다. 차차 그 사람을 포용하는 너그러움이 내 속에서 나오는 것을 느낄 수 있을 것이다. 우리가 원하는 것은 사랑이지 미움이 아니다.

자비 마음챙김의 적용

생활 속에 틈틈이 자비 마음챙김을 수행한다. 특히 사람들을 만나게 되어 있을 때 미리 마음으로 만날 사람들을 떠올리고 그들을 향해 자비를 보내며 마음챙김 하면 좋다.

아침에 출근을 한다면 지하철이나 버스에서 먼저 자기자비의 문구를 반복한 다음 사무실 사람들을 한 명씩 떠올리며 타인자비의 문구를 반복하며 마음챙김 하면 마음이 따뜻해지고 사무실에 도착했을 때 사람들과 더 따뜻하게 지낼 수 있다.

걸어가며 모르는 사람들을 향해서도 자비 마음챙김을 수행할 수 있다. 길을 걸으며 보게 되는 사람들을 향하여 건강, 평화, 행복을 기원하는 자비의 마음을 보내며 마음챙김 한다. 그냥 건강, 평화, 행복을 기원해도 좋지만, 그때그때 상황에 따라 자비 문장을 만들어 사용해도 좋다. 젊은 연인들이 걸어오는 것을 보고 '두 사람이 행복하게 사랑하기를!',

나이 드신 할머니 곁을 지나가면서는 '저 분이 건강하시기를!', 초등학생 정도의 아이와 엄마가 손잡고 가는 모습을 보며 '모자가 서로 사랑하고 건강하기를!', 차를 몰고 지나가는 사람을 향해 '안전운전 하기를!', 힘없이 지나가는 젊은이를 향해 '좋은 일이 많고 행복하기를!', 출근길 지하철 환승장에서 스쳐가는 사람들을 향해 '오늘 활기찬 하루가 되기를!', 퇴근길 지하철 전동차 안의 사람들에게 '가족과 화목하고 행복하기를!', 이런 방식으로 자비를 기원하며 마음챙김 한다. 마음이 따뜻해지는 것을 볼 수 있을 것이다.

특별히 회의가 있거나 모임약속이 있는 경우에는 회의나 모임에서 만날 사람들을 떠올리며 미리 자기자비와 타인자비를 수행하며 마음챙김 하면 좀 더 원활하고 화기애애한 모임이 될 수 있다.

전화벨이 울릴 때 마음챙김을 놓치고 있었다면 마음챙김을 회복하고 아울러 자비심을 활성화한다. 전화벨이 세 번 정도 울릴 때까지 상대에게 자비를 보낼 준비를 하고 그 다음에 전화를 받는다.

메일, 카톡, 문자, 페북, 트위터, 밴드 등 SNS를 통해 글을 쓸 때 눈에 보이지는 않지만 상대를 향해 자비의 마음과 함께 글을 쓰고 보낸다.

저녁에 퇴근을 할 때는 지하철이나 버스에서 마찬가지로 자기자비 수행을 먼저 한 후 가족들을 떠올리며 타인자비 수행을 하면 귀가했을 때 가족과 더 친밀하게 지낼 수 있다.

제 13 장
대화 마음챙김

대화 마음챙김은 대화를 하면서 마음챙김을 유지하는 것, 즉 마음챙김을 유지하며 대화를 나누는 것이다. 사람과 만나서 하는 일의 대부분은 대화다. 대화하며 마음챙김 할 수 있다면 나와 상대를 객관화해서 볼 수 있으므로 후회가 적고 유익한 대화를 나누는데 도움이 될 것이다. 특히 민원을 해결하는 일, 또는 심리치료나 상담을 하는 일에 종사하는 사람들에게 대화 마음챙김은 매우 중요하다.

대화 마음챙김은 쉽지 않다. 주요한 이유는 마음챙김을 위해 사용할 수 있는 정신자원의 부족이다. 대화를 할 때는 나의 욕구-생각이 매우 활발하게 작용해서 대부분의 정신자원을 흡입해 가기 때문이다.

상대의 얘기를 들을 때도 나의 욕구-생각을 중심으로 듣기 때문에 내 중심으로 듣는 경향이 크다. 상대의 말을 나의 욕구-생각에 맞춰 듣기도 하고 때로는 상대가 하는 말을 듣다가 내가 하고 싶은 내용이 생각나면 그때부터는 상대의 말을 제대로 듣지 않는 경우도 많다. 왜? 내가 하고 싶은 말을 잊어버리지 않으려는데 정신자원이 상당 부분 투여되고 있기 때문이다. 내가 말을 할 때는 내가 하는 말을 전달하려는 욕심에 치우쳐 상대의 반응을 충분히 살피지 못하는 경우도 많다. 이렇다 보니 대화를 통해 오해도 하고 의도치 않게 상처를 주고받기도 한다.

상대의 말을 들으며 나의 욕구-생각을 투사하지 않고 상대의 욕구, 생각, 감정 등을 있는 그대로 이해하고, 동시에 내 마음에서 어떤 욕구, 생각, 감정이 일어나는지 알아차리는 일은 쉽지 않은 도전이다. 마음챙김의 힘과 기술이 고도로 요구된다. 평소에 호흡 마음챙김 명상 등 기본 마음챙김 명상, 행위 마음챙김, 정서 마음챙김 등을 통해 나의 욕구, 생각, 감정을 바라보는 훈련이 이루어진 정도만큼 대화를 나누며 상대의 말을 들을 때, 또 내가 말을 할 때, 나의 욕구, 생각, 감정 등이 작용하는 것이 보인다.

대화는 우리를 서로 연결시켜주고 위로를 주고 즐거움을 주며 마음을 나누는 중요한 소통방식이다. 사람과의 만남에서 늘 깨어있을 수 있다면 우리의 관계는 보다 만족스럽고 성숙해질 수 있을 것이다.

아래에서는 대화 마음챙김에 도움이 되는 방법을 모아보았다. 아래의 대화 마음챙김을 위한 도움말은 직접 만나서 하는 대화뿐만 아니라 전화를 통한 대화에도 적용된다. 뿐만 아니라 요즘 많이 이용되는 문자, 메일, 트위터, 페북, 카톡, 밴드 등 SNS를 통한 간접적인 대화에도 유사하게 적용할 수 있다. SNS를 통해 글로 말을 할 때도 글을 쓰는 자신의 마음을 객관적으로 잘 바라볼 수 있어야 하고 자비의 마음을 유지하는 것도 중요하다.

대화 마음챙김: 너와 나를 공평하게 대함

대화를 나눌 때 가급적 나와 상대를 동일한 대상으로 놓고 떨어져서 보는 마음챙김을 유지한다. 마음챙김을 통해 나와 상대를 동일한 시선으로 바라보며, 바라보는 자리와의 동일시를 유지한다.

평소에 호흡 마음챙김 명상, 몸 마음챙김 명상 등으로 나와의 소통능력을 증진시키면 사람들과의 소통능력도 증진된다. 나 자신을 객관적으로 바라보고 있는 그대로 수용하고 경청하게 되면 다른 사람에 대해서도 마찬가지로 적용된다. 호흡 마음챙김 명상을 할 때 내 몸이 하는 호흡을 통제하지 않고 스스로 호흡하는 것을 허용하고 바라보듯이, 몸 마음챙김 명상에서 내 몸을 존중하고 경청하며 주의를 기울이듯이, 상대를 100% 존중하고 호기심과 함께 관심을 가지고 어떠한 얘기를 해도 듣겠다는 자세로 듣는다. 가급적 나의 욕구-생각을 개입시키지 않고 있는 그대로 듣는다.

내 태도가 바뀌면 상대도 바뀐다. 상대에 대한 태도를 바꾸면 상대가 달리 보인다. 상대에 대한 태도를 바꾸면 내가 달라진다. 내가 나에 대해 갖고 있는 나의 이미지가 달라진다.

감각자극 마음챙김

상대의 말을 들을 때 가급적 말의 내용만이 아니라 말의 청각자극에도 주의를 보낸다. 목소리의 고저, 강약, 속도, 음색, 억양 등을 충분히 듣도록 한다. 얼굴표정이나 손짓, 몸짓 등에도 주의를 기울인다.

이렇게 하면 상대가 하는 말의 내용을 제대로 파악하지 못할 것을 걱정할 사람이 있을지 모르겠지만 걱정할 필요 없다. 말의 이해는 거의 자동화되어 있기 때문에 주의가 100% 다 필요한 것은 아니다. 실제로 듣는 사람의 단어이해는 말하는 사람의 단어산출보다 더 빠르다. 한 연구에 따르면 말하는 사람은 분당 125-175 단어를 말할 수 있고 듣는 사람은 분당 500-1000 단어를 이해할 수 있다(Hanna, Suggett, & Radtke, 2007). 남는 주의자원이 나의 주관적 욕구-생각의 활성화에 동원되거나 주의산만으로 사용되어 오히려 객관적 이해를 방해할 수 있다.

상대가 하는 말을 들으며 말의 감각자극에도 주의를 보내는 것이 상대가 하는 말의 내용에 나의 욕구-생각이 덜 달라붙게 해준다. 이렇게 되면 말의 내용과 약간의 공간이 만들어지는 것을 느낄 수 있다. 나의 욕구-생각이 덜 개입하고 상대가 하는 말을 좀 더 객관적으로 이해하게 된다. 뿐만 아니라 말을 들을 때 특별히 노력하지 않아도 의미처리는 자동적으로 일어나므로, 소리의 감각적 특질에 주의를 보내면 상대가 하는 말속에서 언어적 의미 외에 많은 정서적 의미도 느낄 수 있다.

내가 말을 할 때도 마찬가지다. 내가 하는 말을 잘 듣도록 한다. 말의 의미뿐만 아니라 나의 목소리, 얼굴표정, 제스처 등도 떨어져서 보도록 한다. 이렇게 하면 내가 하는 말과 말하는 내가 보인다. 상대의 말을 들을 때 마음챙김을 하는 것보다 내가 말을 할 때 내 말에 마음챙김 하는 것이 조금 더 어려울 수 있다. 가급적 말을 조금 천천히 하면 도움이 된다. 또 평소에 책을 볼 때 소리 내서 읽으며 나의 목소리를 듣는 연습을 하는 것도 나를 객관화하는데 도움이 된다.

몸 마음챙김

기본 마음챙김 명상과 행위 마음챙김을 통해 나의 몸을 객관화하는 것이 어느 정도 잡히면 평소에도 몸을 객관화해서 느끼는 것이 조금씩 가능해진다. 이렇게 되면 대화를 나눌 때도 어느 정도 나의 몸을 느끼면서 대화하는 것이 가능해진다. 물론 대화 내용과 맥락에 따라 놓치는 경우도 많겠지만 중간 중간 몸을 느끼면서 대화할 수 있다.

몸에 대한 객관화가 이루어지면 몸과 어느 정도 공간을 두고 떨어져볼 수 있게 되면서 동시에 몸에 대해 더 잘 알게 되고 친해지는 느낌이 든다. 체계적으로 머리끝에서 발끝까지 한 부위씩 마음챙김 하는 것은 아니지만, 대화를 나눌 때 나의 몸 전체를 감각적으로 느끼는 것은 나를 객관화해주어 좋은 대화로 이끌어준다.

몸 전체에 대한 객관화된 느낌을 유지하는 것은 나의 욕구-생각의 과도한 개입을 감소시켜 상대의 말에 집중하며 객관적으로 이해하는 것을 도와준다. 상대의 말이 어떤 공간을 두고 존재하는 것처럼 느껴진다. 또한 상대의 말을 수용적으로 들어주는 것을 돕는다. 마음이 편안하면 상대의 말이 편안하게 잘 들린다. 마음이 편하지 않으면 상대의 말 하나하나에 날이 선다.

자비 마음챙김

자비 마음챙김을 하며 대화를 나누는 것은 좀 더 적극적인 대화 마음챙김이다. 불건강하거나 불필요한 욕구-생각의 동원을 감소시키며 상대의 말에 경청하는 마음챙김 수준이 아니라 적극적으로 마음의 건강한 요소를 동원하는 능동적 자세로 대화를 나누며 마음챙김을 유지하는 것이다.

대화를 나누며 가급적 의식의 일부를 명치 주변의 가슴[19]에 둔다. 평소에 명치 주변의 가슴에 주의를 보내면 그 부위

19 명치 주변의 가슴 부위는 중단전(中丹田)의 위치로 감성과 관련된 부위로 알려져 있다.

에서 따뜻함이 느껴진다. 마음도 부드럽고 따뜻해진다. 상대의 말을 듣거나 내가 말을 할 때 내 명치 주변의 가슴에 주의의 일부를 보낸다. 이와 함께 대화중에 상대의 평화와 행복을 빌어주는 문구를 간간이 속으로 반복하며 상대의 이야기를 들으면 자비심의 향상에도 도움이 될 뿐만 아니라 대화가 왠지 따뜻하고 부드러워지는 것이 느껴진다. 가슴 부위에서 밝고 따뜻한 평화와 행복의 빛이 상대에게 퍼져가는 것을 느끼며 대화를 나누는 것도 좋다. 가능하다면 자비의 빛이 함께 있는 공간을 채워도 좋다.

명치 주변의 가슴에 주의를 나눠주거나 자비 문장을 반복하는 것이 한편으로는 현재 진행되는 일에 지나치게 집착하거나 매몰되어 버리지 않도록 도와주며, 다른 한편으로는 외부에 별로 자극이 없을 때 멍청해지는 것을 방지하고 또렷이 깨어있게 해준다. 평소에도 명치 주변의 가슴에 일정한 주의를 주는 것이 현재 진행되는 일에 지나치게 집착하거나 매몰돼 버리지 않도록 도와준다.

명치 주변의 가슴에 의식을 두는 것만으로도 마음챙김으로 대화하고자 하는 마음의 태세가 활성화되므로 명치 주변의 가슴에 주의를 보내는 것은 마음챙김의 단서로도 좋은 역할을 한다. 자비를 보내는 것이 대화중에 계속해서 유지되지 않아도 괜찮다. 대화를 나누며 중간 중간 잊지 않으며 적용하기만 해도 훌륭하다.

제 14 장

마음챙김의 일상화

마음챙김 명상 수행을 한다고 해서 속세를 떠나 수행자로 사는 것은 아니다. 일상의 생활을 하며 수행하는 것이다. 저울의 영점이 물건을 올려놓고 무게를 재는 기능을 위해 있는 것처럼, 영점-나 상태로만 산다면 인생을 사는 것이라고 할 수 없다. 사람들과 어울려 함께 살며 체험하고 성장하는 것이 인간의 삶이다. 자신의 할 일을 제대로 하고 가족이나 소속집단에서의 역할을 충실히 하며 개인적 취미활동도 하면서 수행하는 것이다. 다만 일상생활을 하면서도 무엇을 하는지 모르고 반쯤 자고 있는 좀비로 사는 것이 아니라 마음챙김과 함께 똑바로 깨어 생활한다. 내 몸과 마음을 떨어져 볼 수 있고 어떤 상태에 있고 무엇을 하고 있는지 잘 안다. 마음을 잘 이해하고, 잘 정화하고, 잘 사용하며 행복과 성장의 삶, 집착하지 않는 삶을 산다.

참여와 관찰의 비율

일상생활에서 마음챙김을 할 때는 참여participation와 관찰observation의 비율, 즉 행위와 마음챙김의 비율을 잘 조율하는 것이 중요하다. 호흡 마음챙김 명상 등 기본 마음챙김 명상을 수행할 때는 가급적 참여를 줄인 상태에서 관찰을 최대한 늘린다. 기본 마음챙김 명상을 통해 늘 나를 보는 힘과 기술, 나의 몸과 마음을 객관화하는 힘과 기술을 양성한다. 일상생활을 할 때는 상황에 따라 필요한 참여를 하며 가능한 범위 내에서 내가 어떤 방식으로 몸과 마음을 사용하고 있는지 잘 관찰한다. 마음챙김이 숙달되면 일상생활에서 관찰의 빈도와 깊이가 향상되어 나의 몸과 마음의 객관화를 더 잘하게 되고, 참여의 질은 향상된다. 관찰을 할 때는 순수한 관찰자의 자리, 지금-여기에 또렷이 깨어있고 살아있음의 자각을 유지한다.

일을 할 때

일상생활에서 공부를 하거나 정신적인 일을 할 때는 공부와 일에 몰두한다. '오직 할 뿐'으로 집중한다. 이때는 굳이 마음챙김 하지 않아도 좋다. 마음챙김도 정신자원을 필요로 하므로 공부나 정신적인 일을 할 때는 정신자원의 100%를 공부와 일에 투입하도록 한다. 그러나 상황에 따라 간간이 마음챙김을 회복하는 것도 좋다.

주로 육체를 사용하는 일이라면 마음챙김 연습을 함께 해도 좋다. 아주 정교한 일이 아니라면, 또 일에 숙달되지 않은 상태가 아니라면, 육체적인 일을 하는 데는 100%의 정신자원이 필요하지는 않다. 남는 정신자원이 오히려 잡생각에 빠지거나 주의산만으로 사용될 수 있으므로 지금 하는 일에 마음챙김을 함께 하면 일에 대한 집중도 높아지고 마음챙김도 훈련할 수 있다.

마음챙김 명상 시간의 확보

하루에 한 번이라도 10분 내지 20분 정도의 시간을 내어 호흡 마음챙김 명상과 몸 마음챙김 명상을 꾸준히 수행한다.

공부 또는 그 밖의 정신적인 일을 하다가 휴식할 때는 1분 내지 5분 정도의 짧은 시간 동안 호흡 마음챙김 명상, 몸 마음챙김 명상, 또는 우두커니 마음챙김 명상 중 한 가지를 수행하며 나를 바라보는 마음챙김을 회복하도록 한다. 혹은 5번 혹은 10번 호흡수를 정해놓고 호흡을 하는 동안 호흡 마음챙김 명상 또는 몸 마음챙김 명상을 하는 것도 좋다.

중요한 것은 마음챙김의 적용을 잊지 않는 것이다. 마음챙김 명상 시간을 따로 내기 어려운 사람이라면 출퇴근 하는 버스나 지하철에서 명상할 것을 추천한다. 가능하면 스마트폰을 사용하지 않고 호흡 마음챙김 명상, 몸 마음챙김 명상, 우두커니 마음챙김 명상을 연습하는 시간으로 활용하면 좋다.

잠시 마음챙김 명상

사무실에서 일하다가, 혹은 도서관에서 공부하다가 명상으로 잠시 쉰다.

굳이 눈을 감을 필요도 없다.

그냥 자연스럽게 앉아 있고

다만 일에 몰두하던 주의를 마음챙김의 주의로 전환한다.

지금-이곳을 느껴본다.

책상과 사무실(혹은 도서관) 환경을 가만히 느껴본다.

주변의 일하는(혹은 공부하는) 사람들,

그들의 일하는(혹은 공부하는) 소리(자판 두드리는 소리, 걸음 소리, 전화 소리, 사물을 들고 놓는 소리 등),

사무실(혹은 도서관)의 풍경: 모양, 색깔.

사무실(혹은 도서관)의 공기: 온도, 냄새, 습도.

무엇을 했고 무엇을 하고 있나?!

지금까지 일(혹은 공부)을 하고 있었고

지금은 단지 이렇게 앉아 있다.

다 내려놓고 이렇게 깨어있다.

내 몸을 느껴본다.

얼굴도 느껴보고

어깨도 느껴본다.

....

배를 느껴본다.

배에서 호흡을 느껴본다.

몸은 성실하다.

관심을 주거나 그렇지 않거나
이렇게 늘 호흡하며 나를 살려주고 있다.

배를 느껴본다.
특히 배의 안쪽 이곳저곳을 가만히 느껴본다.
....
내 몸을 느끼고
내 주변 환경을 느끼고
나를 객관화하여 느낀다.

여기 이렇게 깨어있다.
여기 이렇게 살아있다.
이 뿐
이 뿐이다.

행위 마음챙김의 적극적 실천

일상생활 속에 다양한 반복적인 행위를 하게 될 때 그때를 휴식과 마음챙김 수행을 위한 훌륭한 시간으로 삼는다. 강의실이나 사무실을 이동할 때, 화장실 갈 때, 손을 씻을 때,

차나 커피를 마실 때, 이를 닦을 때, 의자에 앉거나 일어날 때 욕구-생각을 쉬고, 행위의 의도를 분명하게 마음챙김 하며, 지금-여기에 또렷이 깨어 감각을 알아차림하고, 몸이 무엇을 하고 있는지 분명하게 알아차림 한다. 특히 호흡 마음챙김 명상이나 몸 마음챙김 명상을 통해 숙달하는 나의 몸에 대해 객관화, 몸에 대한 자각을 일상생활을 하면서도 잘 적용하고 유지할 수 있도록 한다.

적극적으로 무엇을 하는 것이 아니다. 내려놓고 쉬는 것이다. 문득 마음챙김의 고요 모드로 들어가는 것이다. 스위치 전환하는 것이다. 다만 의식은 또렷할 뿐이다. 마음의 힘을 빼고 편안하고 가볍고 투명하다.

일상생활 마음챙김의 동기 확립

깨어있는 동안에는 마음챙김을 놓치지 않겠다는 동기를 분명하게 확립하면 좋다. 가급적 아침에 잠에서 깨자마자 마음챙김을 회복한다. 잠에서 깨면 바로 내가 잠에서 깼음을 자각하고 마음챙김을 회복한다. 내가 지금-여기에 깨어있고 살아있음을 자각하며 호흡을 느껴보고 몸을 느껴본다. 몸을 일으키고자 하는 의도를 분명히 알아차리고 몸을 일으키며 몸의 감각을 느끼고 몸을 일으킴을 분명히 알도록 한다. 이와 같이 시작해서 하루의 다양한 행동을 하며 가능한 한 의도와 감각과 행위를 떨어져 바라보는 마음챙김을 적용하고 유지한다.

'지금 뭐해?!' 마음챙김

생활 속에 종종 스스로에게 자문한다.

'지금 뭐해?!'

다른 사람에게는 종종 이런 질문을 하면서 정작 나에게는 이런 질문을 하는 경우가 거의 없다.

나는 지금 무엇을 하고 있나?!

무슨 생각을 하나?

무슨 욕구를 품고 있나?

어떤 감정을 느끼고 있나?

나의 몸은 어떤 상태이고 무엇을 하고 있나?

스스로에게 묻는 '지금 뭐해?!'로 나의 몸과 마음에 접속하고 객관화를 회복한다.

심심하면 나를 관찰하라

우리는 바쁘다고 하면서 잠시 시간이 나면 심심해한다.

혼자 밥 먹게 됐을 때 혼자 먹기보다는 TV를 틀어놓고 보거나 스마트폰을 열어놓고 먹는다.

이제부터는 마음챙김으로 나를 관찰하자.

TV나 스마트폰이 아니라 나를 구경하자.

단서 마음챙김

일상생활 중에 마음챙김을 상기시키는데 도움이 될 만한 단서를 찾아 활용한다.

부지불식간에 하는 반복적인 행위 중에 나중에 돌아볼 때 후회하는 행동이 있다면 그 행동을 시작하려고 할 때 그 때를 마음챙김을 상기시켜주는 단서로 삼아본다. TV 리모컨을 잡고 TV를 켜려고 할 때 TV 리모컨을 잡고 사용하려고 하는 의도를 분명히 알아차린다. 지하철을 타자마자 스마트폰을 꺼내 보려고 할 때 스마트폰을 꺼내서 사용하려고 하는 의도를 확실하게 알아차린다. 간식이나 야식을 먹으려고 할 때 먹으려는 의도를 분명하게 알아차린다. 입술을 뜯는 습관이 있다면 입술을 뜯으려고 할 때 입술을 뜯으려는 의도를 분명하게 본다. 그리고 자신의 몸과 마음을 들여다본다.

마음챙김의 단서를 발견하는 그 순간 마음에서 무엇을 욕구하고 생각하고 있으며 어떤 감정을 느끼고 있는지 마음을 본다. 몸에서 무엇이 느껴지는지 몸을 본다. 어떻게 호흡하고 있는지 구경한다. 주변 환경의 모양, 색깔, 소리, 냄새를 느껴본다. 나의 객관화를 회복한다. 가능하다면 짧게라도 자비의 마음을 불러낸다.

하루 중에 기다려야 하는 상황도 제법 있다. 엘리베이터 기다리기, 전철이나 버스 기다리기, 마트 계산대에서 기다리기, 은행이나 주민센터에서 기다리기, 음식이나 커피를 주문하고 기다리기, 아내가 나갈 준비 마칠 때까지 기다리기, 친구 기다리기 등 기다려야 하는 상황에 놓이는 그 때를 마음챙김의 단서로 삼는다. 지루하고 짜증나는 시간이 내 안의 고요를 회복하는 선물의 시간으로 바뀔 수 있다.

스마트폰 알람을 마음챙김의 단서로 이용해서 하루에 몇 차례 깨어있는 시간, 잠시 욕구-생각을 내려놓고 쉬는 시간, 나의 몸과 마음을 바라보고 객관화를 회복하는 시간으로 삼는 것도 좋다.

명칭 부여: 생각병 마음챙김

습관적으로 과거를 돌아보며 후회, 자책, 원망을 하거나 미래에 대해 걱정을 하고 있다면 생각병에 걸려있다고 할 수 있다. 마음이 과거나 미래로 달아나 생각병 증상이 나타날 때 바로 그 순간, 속으로 자신의 생각을 간단한 단어나 문장(예: '프로젝트 수행을 걱정함')으로 표현해서 두세 번 반복함으로써, 생각병 증상을 분명하게 알아차리고 떨어져볼 수 있도록 한다. 생각의 내용을 요약할 수도 있지만, 더 짧게 '후회', '자책', '원망', '걱정'이라고 하거나 혹은 그냥 '생각'이라고만 해도 좋다. 명칭 부여는 생각에 동일시하고 그 속에 매몰되는 것으로부터 벗어나게 도와준다.

알아차린 후에는 지금-여기로 돌아온다. 지금-여기에서 하는 일로 돌아온다. 잠시 나의 몸과 호흡을 바라본 후 '오직 할 뿐'으로 지금-여기의 일에 집중한다.

마음이 자꾸 과거나 미래로 간다고 해도 실망하지 말고 명칭 부여와 함께 부단히 다시 지금-여기로 돌아온다. 알아차린 만큼 잘 한 것이고 그만큼 발전하고 있는 것이다. 앞에서 설명한 '완벽주의를 내려놓음' (pp.133-136)의 자세와 '오직 할 뿐'의 자세를 실천하며 지금-여기의 일에 집중한다.

강태영, 김정호 (2008). 정서마음챙김을 통한 스트레스 관리 프로그램 개발을 위한 예비연구: 지역사회주민을 대상으로. **사회과학연구**, 14, 147-156. 덕성여자대학교 사회과학연구소.

김정호 (1994). 인지과학과 명상. **인지과학**, 4&5, 53-84.

김정호 (1995). 마음챙김명상의 소집단 수행에 관한 연구. **학생생활연구**, 11, 1-35. 덕성여자대학교 학생생활연구소.

김정호 (2000). 스트레스의 원인으로 작용하는 동기 및 인지. **학생생활연구**, 16, 1-26. 덕성여자대학교 학생생활연구소.

김정호 (2001). 체계적 마음챙김을 통한 스트레스관리: 정서마음챙김을 중심으로. **한국심리학회지:건강**, 6, 23-58.

김정호 (2011). **마음챙김 명상 멘토링**. 서울: 불광출판사.

김정호 (2012). **나로부터 자유로워지는 즐거움**. 서울: 불광출판사.

김정호 (2014). **스무살의 명상책**. 서울: 불광출판사.

김정호 (2015). **생각 바꾸기: 동기인지행동치료를 통한 스트레스-웰빙 관리**. 서울: 불광출판사.

신아영, 김정호, 김미리혜 (2010). 정서마음챙김이 여자 대학생의 정서인식의 명확성, 인지적 정서조절과 스트레스 및 웰빙에 미치는 효과. **한국심리학회지:건강, 15**, 635-652.

안정미, 김미리혜, 김정호 (2013). 정서 마음챙김이 정신분열병 외래환자의 정서와 증상 및 삶의 질에 미치는 효과. **인지행동치료, 13**, 193-210.

최은경, 김미리혜, 김정호 (투고중). 정서 마음챙김이 우울성향 여대생의 주의 및 정서상태에 미치는 효과.

Hanna, S.L., Suggett, R., & Radtke, D. (2007). *Person to person: Positive relationships don't just happen (5th ed.).* Upper Saddle River: Pearson Education. (김정희 등 역 (2009, p.269) '생활과 심리학'에서 재인용.)

Kabat-Zinn, J. (2011). **명상과 자기치유 (상, 하)** [*Full ca-*

tastrophe living] (장현갑, 김교헌, 김정호 공역). 서울: 학지사. (원전은 1990에 출판)

Schoen, M. (2014). **편안함의 배신** [*Your survival instinct is killing you: Retrain your brain to conquer fear and build resilience*]. (김성훈 역). 서울: 위즈덤하우스. (원전은 2014에 출판)

Wood, J.W., Perunovie, W.Q.E., & Lee, J.W. (2009). Positive self-statements: Power for some, peril for others. *Psychological Science, 20*(7), 860-866.

마음챙김 명상의 유익함이

학교에

가정에

직장에

병원에

지역사회에

더 많이 전해지기를 바랍니다.

어둡고 탁한 마음이 줄고

밝고 맑은 마음이 늘기 바랍니다.

나의 마음을 보고 살피는 것이

너의 마음을 보고 살피게 합니다.

우리 마음에 이해, 행복, 성장이 함께 하기를 바랍니다.

우리 모두 건강하기를!

우리 모두 평화롭기를!

우리 모두 행복하기를!

감사의 글 Acknowledgements

먼저 이 책은 덕성여자대학교 2014년도 교내 연구비 지원의 도움을 받았음을 밝히며 대학 당국에 감사의 마음을 전합니다.

마음챙김 명상을 함께 공부한 덕성여자 대학교 대학원의 임상건강심리 연구실 제자들, 학부 제자들, 또 나에게 마음챙김 명상 교육을 받은 분들은 나의 스승입니다. 내가 가르치는 것보다 항상 더 많이 배웁니다. 감사의 마음을 전합니다.

원고가 늦어짐에도 솔과학 출판사의 김재광 대표님은 친절한 인내심을 보여주셨습니다. 감사를 드립니다. 또한 책의 디자인과 편집을 통해 수고를 아끼지 않은 이수정 선생님께도 감사드립니다.

끝으로 한결같이 나의 곁에서 집필을 지원해주고 때로는 마음챙김 수행의 스승 역할도 해주는 아내 김선주 박사에게 고마움을 전합니다.

마음챙김 명상 매뉴얼

초판인쇄 2016년 2월 26일
초판발행 2016년 2월 27일

지은이 김정호
펴낸이 김재광
펴낸곳 솔과학
디자인 이수정(sujoung71@hanmail.net)
출판등록 제 10-140호 1997년 2월 22일
주소 서울시 마포구 독막길 295, 302호(염리동 삼부골든타워)
e-mail solkwahak@hanmail.net
대표전화 02)714-8655
팩스 02)711-4656

ISBN 979-11-87124-02-3